U0660568

辉煌岁月

浙江广播电视70年成就展

本书编写组 编

西泠印社出版社

图书在版编目（ＣＩＰ）数据

　　辉煌岁月：浙江广播电视70年成就展 / 本书编写组
编. -- 杭州：西泠印社出版社，2023.6
　　ISBN 978-7-5508-4151-2

　　Ⅰ．①辉… Ⅱ．①本… Ⅲ．①广播事业－发展－研究
－浙江②电视事业－发展－研究－浙江 Ⅳ．
①G229.275.5

　　中国国家版本馆CIP数据核字(2023)第108373号

辉煌岁月

——浙江广播电视70年成就展

本书编写组　编

责任编辑　杨　舟
责任出版　冯斌强
责任校对　刘玉立
装帧设计　王　欣
出版发行　西泠印社出版社
（杭州市西湖文化广场32号5楼　邮政编码　310014）
经　　销　全国新华书店
制　　版　杭州如一图文制作有限公司
印　　刷　浙江海虹彩色印务有限公司
开　　本　889mm×1194mm　1 /16
印　　张　12.75
印　　数　0001—3100
书　　号　ISBN 978-7-5508-4151-2
版　　次　2023年6月第1版　第1次印刷
定　　价　186.00 元

版权所有　翻印必究　印制差错　负责调换

西泠印社出版社发行部联系方式：（0571）87243079

浙江广播电视 70 年成就展

指导单位：

中共浙江省委宣传部

主办单位：

浙江省广播电视局

浙江广播电视集团

浙江省文学艺术界联合会

浙江省新闻工作者协会

浙江广播电视 70 年成就展
组委会

主　　　任：张伟斌　吕建楚　陈　瑶　李　丹

常务副主任：单　烈　华宣飞

副　主　任：胡　戎

组委会成员：林勇毅　陈方柱　吕伟刚　傅亦军　何族强

　　　　　　洪永和　祁汉忠　蔡国炎　吴旭光　沈　健

　　　　　　郑红哲　夏大强　柳清荣　郑　宇　郭　亮

　　　　　　胡　蓉　李方存　汪　健　林应辉

2019年是中华人民共和国成立70周年。"浙江广播电视70年成就展"由中共浙江省委宣传部指导，浙江省广播电视局、浙江广播电视集团、浙江省文学艺术界联合会、浙江省新闻工作者协会联合主办，2019年9月26日至10月12日在浙江展览馆隆重举行。

　　成就展是浙江省广电事业70年发展的一个缩影，紧扣浙江广播电视"与时代同步，与发展同行"，设立"潮起钱江""激流奔腾""勇立潮头""百舸争流""潮涌新时代"五个主题展区，通过大量珍贵的文字图片、影像资料、实景实物，以丰富多样的新媒体、新技术手段，全景再现浙江人民广电事业70年峥嵘岁月，生动折射新中国成立以来浙江大地发生的辉煌巨变。

　　展览结束后，主办方对这些来之不易的珍贵图文史料、广播电视专业设备图片以及大量音视频资料进行了再度梳理，并补充了部分记录展览过程的照片与资料，编纂成册，旨在通过此藉出版，留下一份永恒的记忆，以此致敬浙江人民广电事业70年，致敬新中国成立70年。

2020年9月

70

1949—2019

目　录

70

1949—2019

"浙江广播电视70年成就展"前言

2019年是中华人民共和国成立70周年。伴随着共和国前进的脚步，浙江人民广电事业走过70年光辉历程。

"浙江广播电视70年成就展"，由中共浙江省委宣传部指导，浙江省广播电视局、浙江广播电视集团、浙江省文学艺术界联合会、浙江省新闻工作者协会联合举办。展览以大量珍贵的音视频资料和图片、实物，全景再现浙江人民广电事业70年峥嵘岁月，以主流媒体的独特视角，生动折射70年来浙江经济社会发展的历史脉络、变迁轨迹以及取得的非凡成就。

习近平总书记指出："一切向前走，都不能忘记走过的路；走得再远、走到再光辉的未来，也不能忘记走过的过去，不能忘记为什么出发。"浙江是中国革命红船起航地、改革开放先行地、习近平新时代中国特色社会主义思想重要萌发地。浙江广播电视是当代浙江故事的记录者、传播者，时代发展的亲历者、参与者。历史是我们的共同记忆，更是继续前进的雄厚基石。只有回望过去、展望未来，我们才能真正弄明白"为了谁、依靠谁、我是谁"，才能更好搞清楚为什么出发、为什么奋斗、要到哪里去。

进入新时代，浙江广电事业在省委、省政府和省委宣传部的正确领导下，深入贯彻习近平新时代中国特色社会主义思想，增强"四个意识"，坚定"四个自信"，做到"两个维护"，始终坚持"政治家办台"，始终坚持"以人民为中心"的创作导向，自觉践行"举旗帜、聚民心、育新人、兴文化、展形象"的重大使命任务，守正创新、立破并举、担当作为，不断做强舆论引导主平台，当好媒体融合主引擎，建设文化服务主窗口，锻造宣传思想主力军，持续提升全媒体环境下广播电视的传播力、引导力、影响力和公信力，为"八八战略"再深化、改革开放再出发，积极营造氛围，凝聚力量，也必将为更好谱写"两个一百年"伟大奋斗目标的浙江篇章，奉献更多广电力量。

不忘初心，方得始终，牢记使命，砥砺奋进。

"浙江广播电视70年成就展"于2019年9月26日在浙江展览馆开幕

2019年9月26日，"浙江广播电视70年成就展"在浙江展览馆开幕，时任中共浙江省委常委、宣传部长朱国贤，时任浙江省人大常委会副主任梁黎明，浙江省人民政府副省长王文序，时任浙江省政协副主席马光明出席开幕式，共同为展览启幕

"浙江广播电视70年成就展"开幕式现场

出席开幕式的省领导以及受邀嘉宾

时任浙江省政协主席葛慧君在主办单位领导陪同下指导参观"浙江广播电视70年成就展"

时任中共浙江省委常委、宣传部部长朱国贤，时任浙江省人大常委会副主任梁黎明，浙江省人民政府副省长王文序，时任浙江省政协副主席马光明与出席开幕式的嘉宾，在主办单位领导陪同下，指导参观成就展

中共浙江省委宣传部常务副部长来颖杰（图中）在主办单位领导陪同下，指导参观"浙江广播电视70年成就展"

时任中共浙江省委宣传部副部长葛学斌（图左一）在主办单位领导陪同下，指导参观"浙江广播电视70年成就展"

浙江省广播电视局领导参观"浙江广播电视70年成就展"

浙江省广播电视局、浙江广播电视集团、浙江省文学艺术界联合会、浙江省新闻工作者协会等主办单位领导陪同嘉宾参观"浙江广播电视70年成就展"

"浙江广播电视70年成就展"开幕后反响热烈，全省社会各界纷纷前来参观，既有一路见证广电发展的老同志，又有广大普通市民，观众年龄跨度超过85岁。浙江广播电视集团多路记者跟踪采访报道，集团主持人担任义务讲解员

☆ "浙江广播电视 70 年成就展" 部分展厅场景

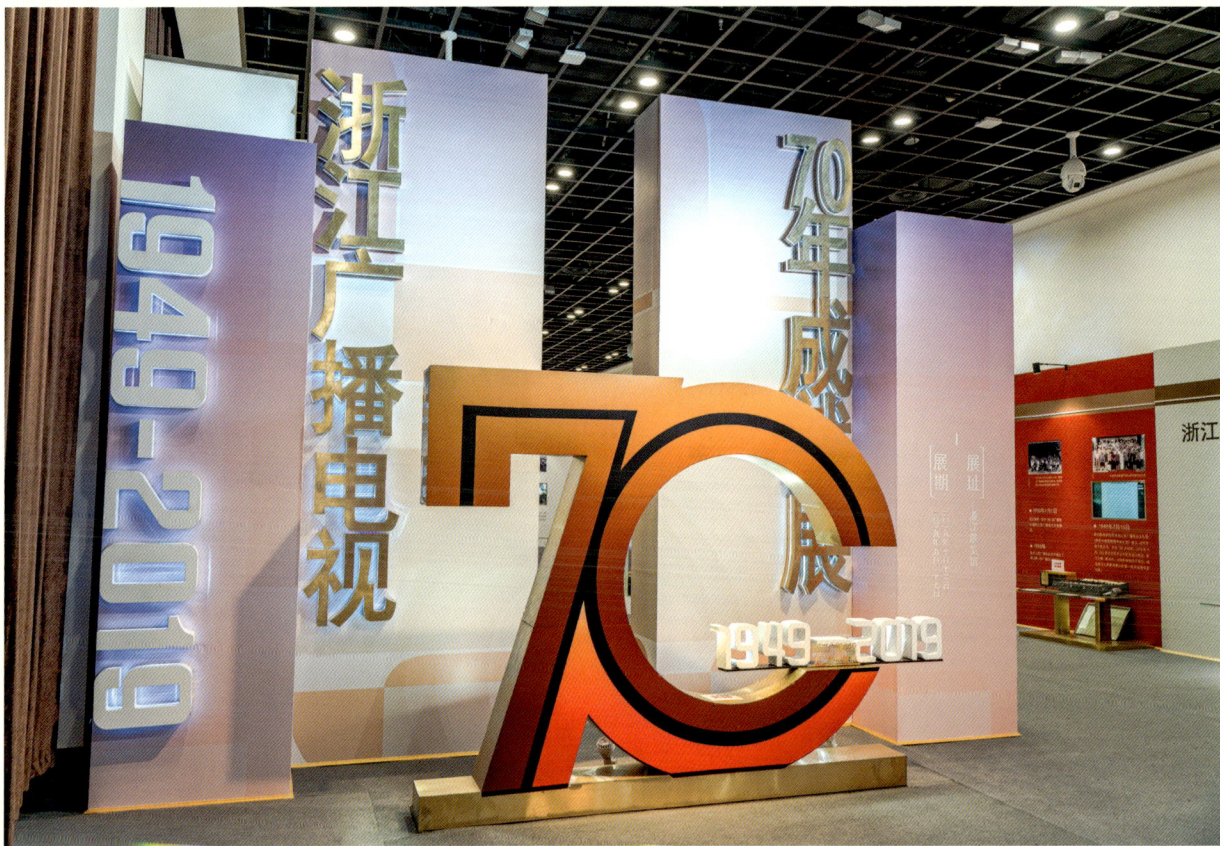

☆ "浙江广播电视 70 年成就展" 部分展厅场景

第一展区：潮起钱江

（1949—1977 年）

　　1949 年 5 月 3 日，杭州解放。5 月 25 日，一道红色电波划破长空，回荡在钱江两岸、浙江大地。伴随着激昂雄壮的进行曲，浙江新华广播电台发出第一声呼号，宣告浙江人民广播事业由此诞生。11 年后的 1960 年 10 月 1 日，浙江人民广播电台首次发送电视信号，写下浙江电视台和浙江电视事业光荣的第一页。两岸东西浙，千帆来去风。20 世纪 50 到 70 年代，是浙江人民广电事业从无到有、从小到大的开创期。老一代浙江广电人肩负使命，筚路蓝缕，胸怀理想，执篙奋进，用自己的智慧、心血和汗水，谱写了一曲曲赤手创业、壮怀激烈的奋斗者之歌，为浙江经济社会发展作出积极贡献，也为中国人民广电事业留下一笔笔深沉厚重的精神财富，激励着一代又一代浙江广电人风雨兼程、破浪前行。

70

1949—2019

1

东方初晓

1949年4月，潜伏在国民党"浙江广播电台"的中共地下党员播音员卢月梅赴北平（现北京）参加中华全国青年第一次代表大会。5月12日，她代表国统区青年向毛主席献词。

1　1949年5月12日，中华全国第一次青年代表大会在北平（现北京）召开，卢月梅代表国统区青年向毛主席献词

2

　　1949 年 5 月 3 日，中国人民解放军第三野战军 21 军 182 团一个班进驻杭州国货街 13 号"浙江广播电台"。当天 18 时许，播音员王濂方（中共地下党员）在该台播出："杭州解放了！"

　　1949 年 5 月 6 日，军代表陈浩天率领夏言炎、王玉、党毅民、国华、李中杰、梅林、公羊羽、林庆衍、李松翘、李婉玉、荆云峰、张德益 12 位同志和警卫班 4 人进驻"浙江广播电台"，开始接管工作。同时连续广播毛泽东主席、朱德总司令给中国人民解放军的《向全国进军的命令》《约法八章》和杭州市军管会《告全市人民书》等重要文件。当时，该台设备简陋，只有 100 瓦中波机和 380 瓦短波机各 1 部，使用 30 米高的木杆天线，仅覆盖杭州市区。

2　王濂方（中）与同事们在一起

3

1949 年 5 月 25 日，浙江新华广播电台宣告成立并开始播音。全天播音两次，频率为 1280 千赫。

1949 年 6 月 9 日，浙江新华广播电台改呼号为"杭州人民广播电台"并调整节目，增加了"本市新闻"和"本市当日行情"。

1951 年 4 月 6 日，杭州人民广播电台改呼号为"浙江、杭州人民广播电台"，频率分别为：1150 千赫、670 千赫。

1953 年 6 月，浙江、杭州人民广播电台改称"浙江人民广播电台"。

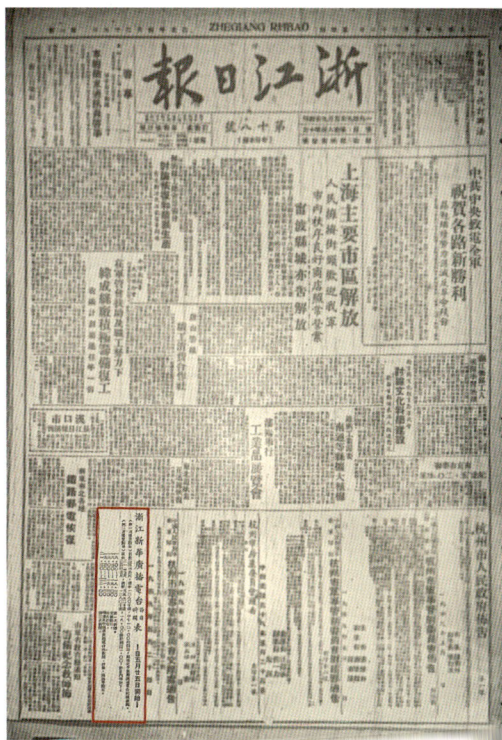

3图一　浙江新华广播电台 1949 年 5 月 25 日起播出的节目表于次日在《浙江日报》刊登

3图二　浙江、杭州人民广播电台旧址

3图三　1949年6月23日的杭州人民广播电台播音节目表

3图四　1953年，浙江人民广播电台关于"浙江、杭州人民广播电台"改称"浙江人民广播电台"的报告

4

1949 年 7 月 15 日，杭州新闻学校在杭州人民广播电台大礼堂（原杭州基督教青年会礼堂）成立。这所学校不发文凭，仅有 280 天校史。1950 年 4 月，250 多名学员毕业分配至浙江电台、浙江日报社、新华社、出版系统和浙江军区，成为中华人民共和国成立后浙江人民新闻事业第一批生力军。

4 "纪念杭州新闻学校60周年座谈会"与会者合影

5

1950 年 1 月 1 日，浙江省第一座市（地）级广播电台——温州人民广播电台建成并正式开播。主要转播中央电台节目。1 月 6 日开始自办新闻评论、商情、歌曲等节目，用普通话、温州话和闽南话 3 种语言广播。

1953 年 2 月 10 日，宁波人民广播电台建成并正式开播。

1958 年 9 月 29 日，杭州人民广播电台建成并正式开播，频率为 1350 千赫。该台属杭州市委领导，地址在杭州市人民路 1 号市府大院内。

5 1951年10月10日，温州人民广播电台广播歌咏团欢送池昭业、张凤瑛同志参加抗美援朝志愿医疗队

6

1950 年 3 月，浙江人民广播电台（时称"杭州人民广播电台"）从杭州市国货街 13 号迁到菩提寺路 2 号办公和播音，发射台仍在国货街原址。

1950 年 7 月 1 日，浙江人民广播电台（时称"杭州人民广播电台"）中波发射功率由原 100 瓦扩大为 1 千瓦，频率为 1180 千赫。原 200 瓦发射机的天线设备经大修更新后，改善了第二套节目（频率为 670 千赫）的播音质量。另增设短波发射机 1 台，频率为 5552 千赫，转播华东广播电台对中国台湾地区广播。

1951 年 4 月，浙江人民广播电台（时称"杭州人民广播电台"）发射台从杭州市国货街 13 号迁到电政街 8 号，自行设计了高 47 米的"折形反衰落天线"，扩大了覆盖范围。但发射设备仍采用电政街原有的 1 千瓦发射机，发射功率小，覆盖范围仅半径 10 千米左右。

7

1950 年，浙江人民广播电台（时称"杭州人民广播电台"）创作播出了浙江第一部广播剧《刘胡兰》。

8

1951 年 4 月 18 至 20 日，浙江人民广播电台（时称"浙江、杭州人民广播电台"）与省、市抗美援朝分会联合举办"浙江人民反对美国武装日本广播大会"，连续播出 3 天，听众最多的一天达 64 万人次。大会收到信件 2000 多封，电话千余次；给志愿军的慰问信 7000 多封，捐献购置飞机大炮款近 3 亿元（旧币）。

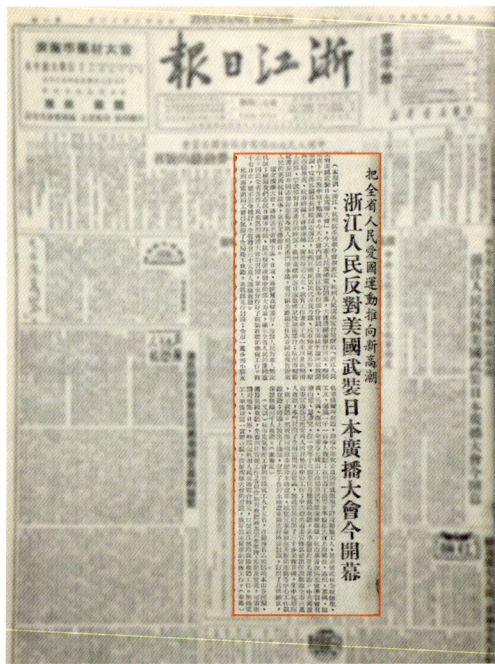

8图一　1951年4月18日的《浙江日报》刊登浙江人民广播电台"浙江人民反对美国武装日本广播大会"的消息

8图二　20世纪50年代初，人民群众收听广播大会的场景

9

1951年10月1日，临海县建成浙江省最早的一个县级广播站，覆盖城关镇。1954年7月，新登县（现杭州市富阳区）建成覆盖城乡的县级广播站。

9　1954年，浙江县级广播站——新登县（现杭州市富阳区）广播站播音员正在录音室录制节目

10

　　1954年1月，毛泽东主席在浙江省新登县（现杭州市富阳区）松溪乡视察时，听到了新登县有线广播站的广播，肯定了这一新事物。根据他的建议，中共中央在修改《一九五六年到一九六七年全国农业发展纲要（草案）》时增加了发展农村广播这一条。

　　至20世纪70年代末，全省入户的有线广播达到500万个。

10　1954年1月，毛泽东主席在浙江省新登县（现杭州市富阳区）松溪乡视察

11

1957 年 3 月 21 日，周恩来总理在杭州玉皇山与浙江人民广播电台播音员陈平、张燎、陶然、玫林、江南合影留念。

11图一 1957年3月21日，周恩来总理与浙江人民广播电台播音员在玉皇山合影

11图二 1957年4月，周恩来总理陪同苏联最高苏维埃伏罗希洛夫主席访问杭州。图为周恩来总理在笕桥机场与记者合影

12

1959 年，杭县（现杭州市余杭区）广播站设计组装了一部 50 瓦功率的调频发射机，建成全省县级最早的调频广播电台（半山联合社广播站）。

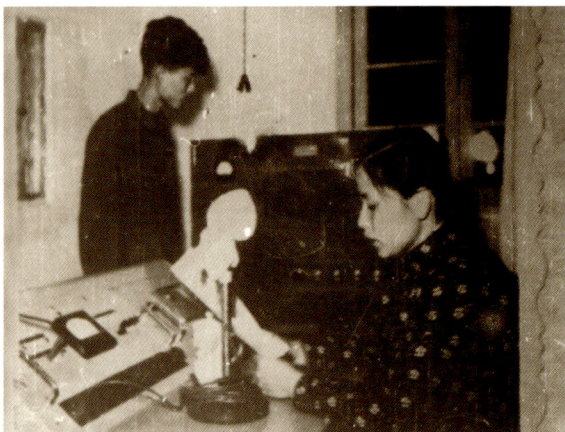

12　半山联合社广播站播音员正在播音

13

1954 年 3 月，浙江人民广播电台勾庄中波发射台建成，占地 120 亩。

1954 年 7 月，浙江人民广播电台发射台由杭州市电政街迁至杭县（现杭州市余杭区）勾庄金家渡，配备 1 部 20 千瓦发射机、两座 60 米高的木杆天线（有源向南弱定向发射）和 13 千米架空传音线，频率为 990 千赫，功率增大 19 倍，覆盖杭嘉湖平原地带。后经历年改造，发射功率扩大至 150 千瓦。

1978 年 5 月 1 日，浙江人民广播电台技术人员经过 6 年努力，自行设计、安装的 200 千瓦屏调发射机投入使用。

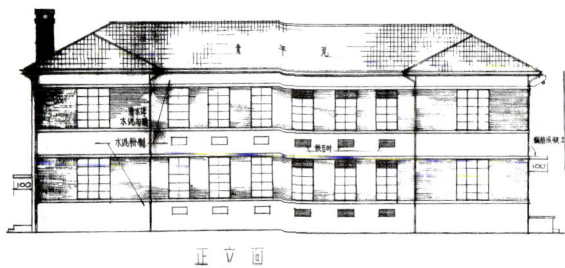

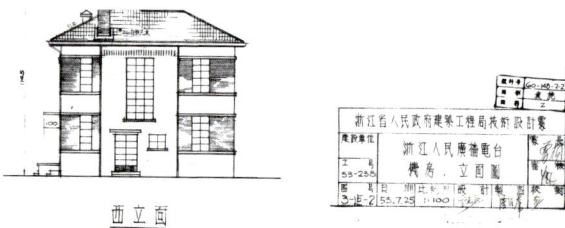

13图一　浙江人民广播电台勾庄中波发射台（一台）设计图

13图二　1957年，浙江人民广播电台技术人员在勾庄自行设计组装的第一台1千瓦广播发射机前合影

14

1954 年，新中国第一部宪法在杭州起草。这部宪法的颁布实施，奠定了新中国的宪法基础和宪法制度，对我国社会主义法治建设具有里程碑意义。

14　1954年，毛泽东主席在杭州主持起草新中国第一部宪法
（浙江电视台系列专题片《浙江百年》）

15

1955 年 2 月，《广播周报》创刊，隶属浙江人民广播电台，刊登浙江人民广播电台一周播出的节目安排。1968 年，每期发行量 24 万份。1969 年 4 月停刊。

16　1959年4月，周恩来总理视察新安江水电站
（浙江电视台系列专题片《浙江百年》）

16

1957 年 4 月，新中国第一座自行设计、自制设备、自主建设的大型水力发电站——新安江水电站在建德动工建设，成为新中国水电事业史上的一座丰碑。

17

1957 至 1958 年，杭州汽轮机厂、衢州化工厂、杭州钢铁厂等一大批重工业骨干企业投入建设，为浙江工业起步奠定了基础。

17　建设中的杭州钢铁厂（浙江电视台系列专题片《浙江百年》）

18

1958 年 1 月，浙江人民广播电台在杭州市菩提寺路修建的播音馆正式投入使用。播音馆楼高3 层，总建筑面积为 1300 平方米，内有 125 平方米大演播室 1 个，45 平方米中播音室 1 个，12 平方米语音播音室 3 个，以及总控、副控、磁带库等。

18　浙江人民广播电台工作人员在新建成的菩提寺路播音馆前合影

19

1958 年 4 月 30 日，浙江电影摄制站拍摄完成浙江第一部新闻影片《浙江新闻简报》（第 1号）。

19　《浙江新闻简报》（第1号）片头

20

1958 年 7 月 22 日，浙江电影制片厂成立。

21

1958 年 7 月，中共浙江省委宣传部批复浙江人民广播电台编委会《关于建议建立杭州电视台的报告》，同意在 1959 年建立电视台。

1959 年 2 月，浙江人民广播电台选派王水仙、汤福良、庞茂伦、冯荣林同志赴北京电影学院学习新闻摄影；选派任燕棠、高澄清、孙祖尧、王剑青赴北京广播学院学习电视技术，为建立浙江电视台作准备。

1959 年 11 月，浙江人民广播电台成立电视组，抽调 16 名同志，攻关电视转播技术。在杭州玉皇山顶安装 4 层 5 单元电视接收天线，并组装了一台功率为 40 瓦的电视发射机。

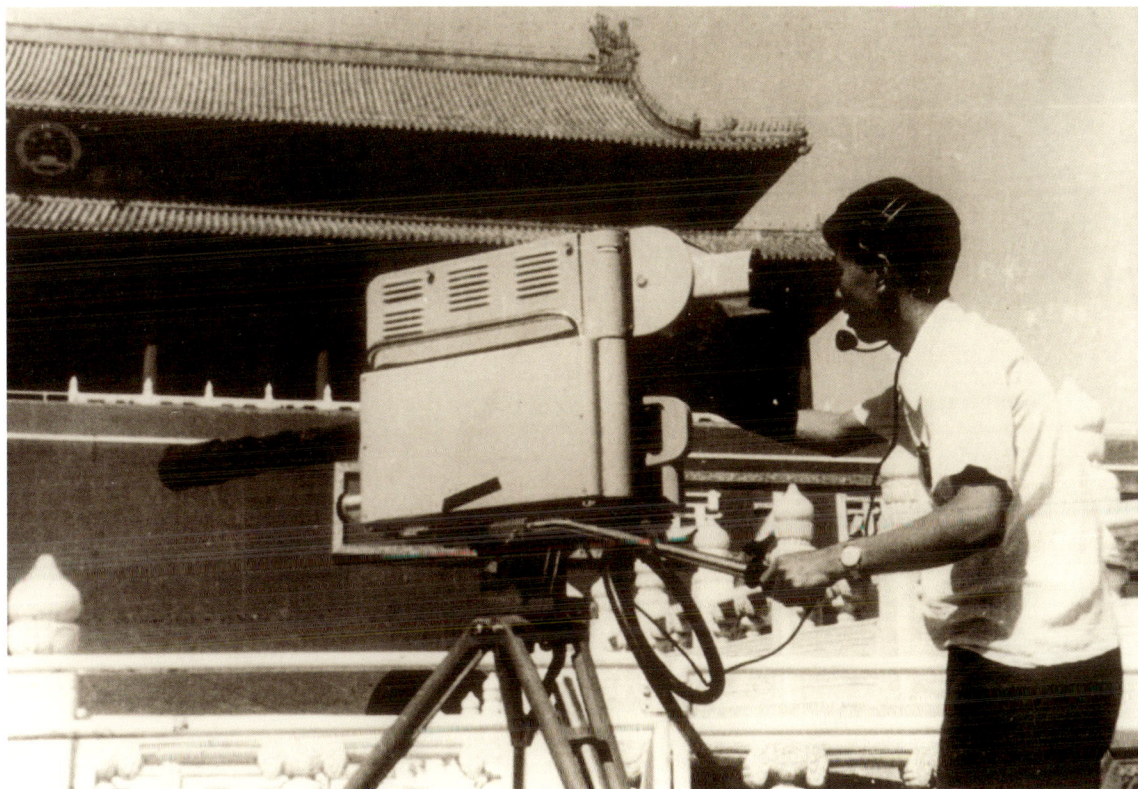

21　1959 年，浙江人民广播电台任燕棠在中央电视台实习期间参与新中国成立 10 周年庆典实况转播

22

1960年5月16日，中共浙江省委同意浙江人民广播电台建立电视台。

1960年10月1日，浙江人民广播电台电视台开始试播，电视信号首次出现在浙江大地上，我省电视事业由此起步。

1961年1月1日，浙江人民广播电台电视台正式开播。

22图一　北高峰电视发射塔。浙江电视台播出信号无线发射设备1960年10月由杭州玉皇山山顶迁至菩提寺路电台播音楼三楼楼顶，后于70年代初迁至杭州北高峰。

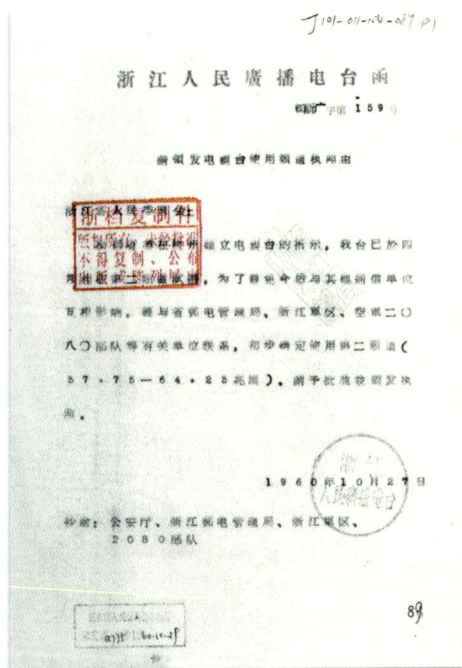

22图二　浙江人民广播电台申请领发电视台使用频道执照的函

22图三　2000年，当年浙江人民广播电台电视组的部分老同志在省广电中心新大楼前合影

23

1961 年初，浙江人民广播电台电视台创办综合新闻栏目《浙江新闻》，每周播出 2 次。其余时间主要播放电影和转播剧场实况。

1961 年 7 月，浙江人民广播电台电视台购置 3 讯道电子管黑白电视车，第一次播出自办节目。

24

1962 年底，根据中央广播事业局指示，浙江人民广播电台所属电视台机构撤销，仅留 6 名技术人员维护技术设备，每周播出自办节目两次，主要内容为剧场实况、在台内演播的文艺节目及电影等。这种每周播出两次自办节目的状态，一直持续到 1966 年。

25

1969 年 10 月底，浙江人民广播电台上报申请恢复所属电视台节目的正常播出，并进行相应的工作调整与准备。

1970 年 8 月，浙江电视人第一次会战北高峰，克服重重困难，建成初具规模的电视发射台。10 月 1 日，成功转播首都庆祝中华人民共和国成立 21 周年庆典实况。自此，浙江人民广播电台电视台恢复了定期正常播出。

1970 年 8 月，浙江电视台（筹）革命领导小组成立，着手筹备工作。

26

1969 年，新落成的浙江展览馆和广场成为当时杭州重要城市地标。浙江人民广播电台在其建设过程中多次予以报道。

26　1969年新落成的浙江展览馆

27

1970 年 7 月，浙江人民广播电台在北高峰建成单声道调频发射台，采用调频 97.2 兆赫试播。

28

1970 年 9 月 21 日，浙江省广播事业管理局成立，行使行政管理职能。1971 年 10 月，实行与浙江人民广播电台"局台合一"的管理体制。

29

1970 年 11 月，浙江电视台领导小组成立，电视台正式从浙江人民广播电台分出，成为由浙江省广播事业管理局直接领导的独立建制单位。12 月 26 日，对外正式使用"浙江电视台"呼号，内部机构设有编播组和技术组。1971 年 1 月 8 日，增设新闻组。

30

1973 年 8 月，浙江电视台在杭州市长生路用自制的 300 瓦彩色电视发射机，首次转播中央电视台彩色电视节目。

31

　　1974 年 9 月，浙江电视台从杭州市菩提寺路浙江省广播事业管理局大院内搬迁至众安桥原浙江日报社大楼。

31图一　原浙江电视台大楼（杭州市庆春路众安桥）

31图二　原浙江电视台大楼入口（杭州市庆春路众安桥）

32

1971年起，浙江省广播事业管理局在省内多地牵头建设电视高山骨干转播台。截止1982年，先后在金华北山、丽水陈寮山、温州莲花山、宁波奉化商量岗、台州括苍山、舟山蚂蟥山、湖州金盖山和嘉兴建成八大骨干台（差转台），浙江电视台节目开始覆盖全省。

1974年12月，浙江电视台在杭州市北高峰将原有1千瓦黑白电视发射机升级改造为7.5千瓦黑白电视发射机，并新建1千瓦彩色电视转播发射机，大大改善了已建成的高山骨干转播台的转播信号。

1977年4月30日，浙江省广播事业管理局组织第二次北高峰会战，建设电视发射台，安装7.5千瓦彩色电视发射机，架设75米高铁塔天线。9月15日完成安装调试，9月20日以4频道试播，10月1日浙江电视台节目正式实现彩色播出。覆盖范围从杭州市郊扩大到嘉兴、绍兴等地区，为原有覆盖面的4.5倍。

32 1977年，第二次北高峰大会战进行发射系统天馈线部分改造，改造结束后会战人员合影留念

33

　　1977年10月全国高考恢复，当年浙江省共有5346名考生考入大学。浙江大学、杭州大学等高校迎来了恢复高考后的第一批大学新生。

资料

33　1977年的高考考生（浙江电视台节目《恢复高考40年》）

☆ "浙江广播电视 70 年成就展" 第一展区部分展厅场景

☆ "浙江广播电视 70 年成就展" 第一展区部分展厅场景

☆各界观众参观第一展区

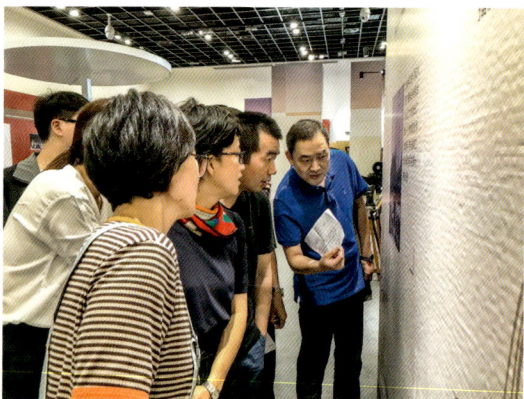

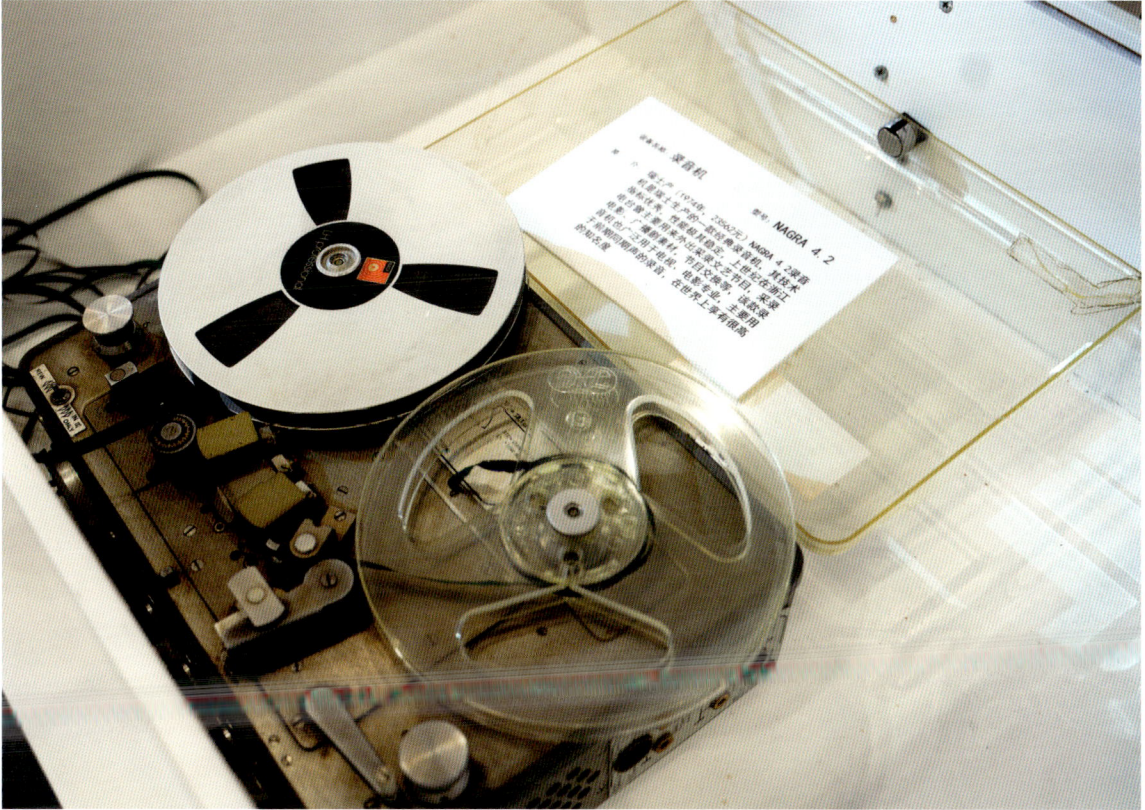

NAGRA4.2录音机

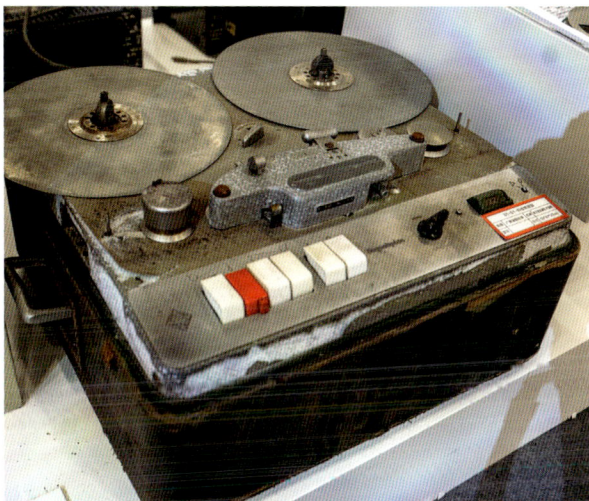

M-5 开盘式录音机

中华206型电唱机

☆第一展区陈列的广播电视设备

左起：半导体收音机（长兴台）、中华T-4009调音台

UHER录音机

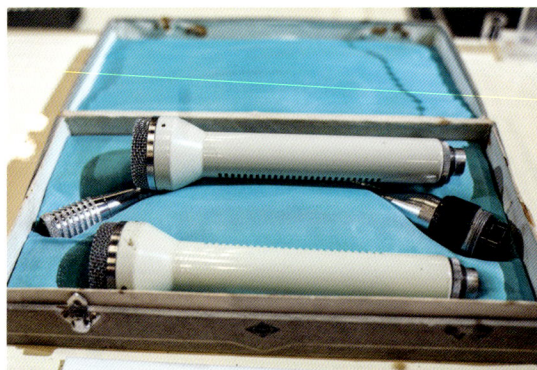

CD1-2话筒

飞乐CD3-5话筒

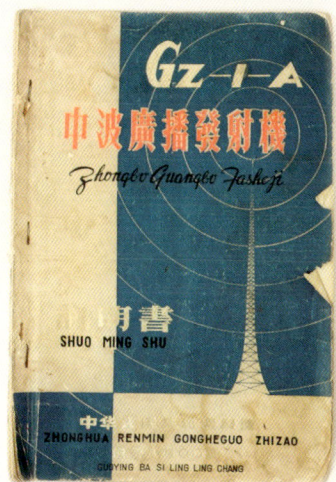

Gz-I-A中波广播发射机说明书

Shure51型话筒

YH25-1号筒扬声器（长兴台）

77型短波接收机

左起：高压真空开关、高压电容 、HM-2233黑白电视机

大功率电子管

HHN BN1540场强仪

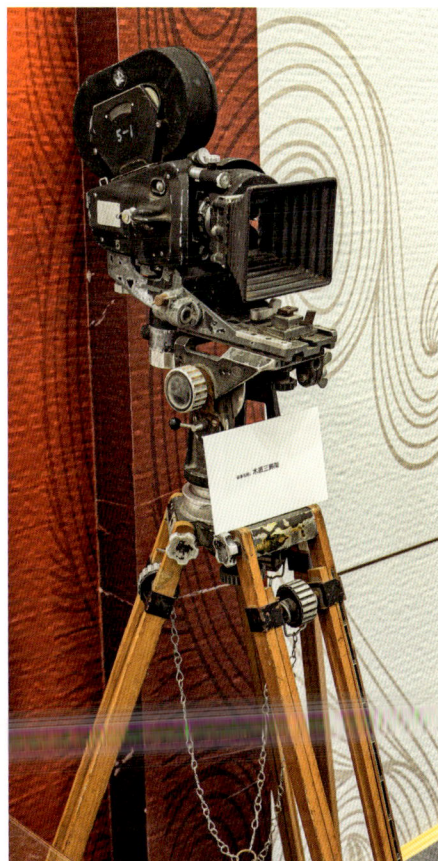
电影摄像机、木质三脚架

SONY VO-4800PS便携式录像机

☆第一展区陈列的广播电视设备

电影摄影机

红旗牌电影摄影机

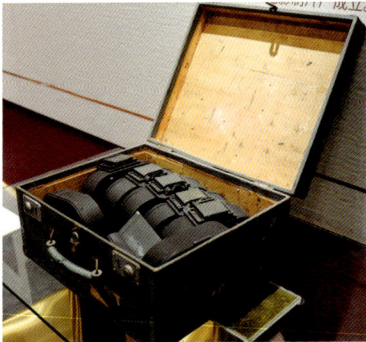
胶片盒

电影摄影机

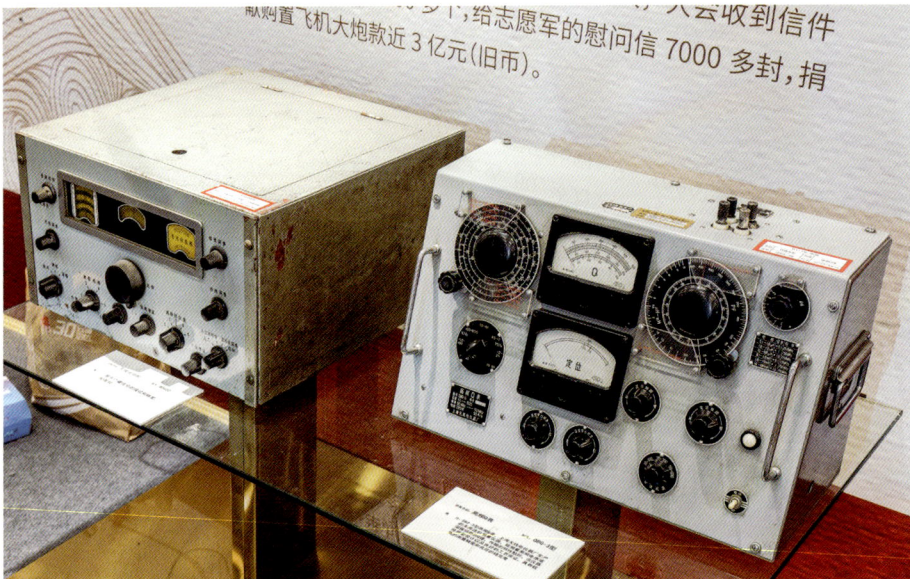
左起：WS430无线收信机、QBG-3型高频Q表

第二展区：激流奔腾

（1978—2000 年）

　　东方风来满眼春。1978 到 2000 年，是浙江广电事业快速发展的"井喷"期。改革开放热潮、市场经济发展、传播技术进步，给广播电视发展不断注入前所未有的强劲动力。身处中国改革开放先行地，伴随着经济领域温州模式、台州模式、义乌经验的风生水起，浙江广电人敢领风骚、敢为人先，弄潮儿向涛头立。从县级电台电视台普遍成立到广播电视专业频道（频率）全面布局，从无线覆盖到有线传输再到上星播出，"天上一颗星，地上一张网"，全省广电行业不断试水媒体改革新课题、探索内容生产新机制、引领全国广电新时尚、拓展事业发展"新蓝海"，创下一项又一项"第一"，赢得一个又一个"首次"，写下一部又一部传奇。浙江广电事业激流奔腾、春潮浩荡。

70

1949—2019

34图一 1978年杭州富阳万市浙江广播电视学校外景

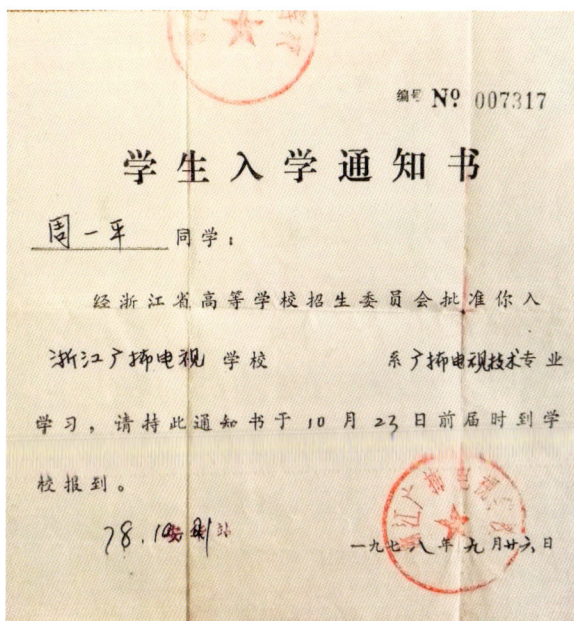

34图二 1978年浙江广播电视学校《学生入学通知书》

34

1978年5月11日，浙江省广播事业局在杭州富阳万市创办浙江广播电视学校，培养本系统所需人才，首届录取新生80名。

2000年5月，浙江广播电视学校并入浙江广播电视高等专科学校。

35

1978年10月，浙江电视台拍摄完成第一部黑白单本电视剧《约会》。

35图一 电视剧《约会》剧照。右一为演员王若荔

35图二 王若荔在参观"浙江广播电视70年成就展"时接受采访

36

1979年5月5日，《广播周报》复刊，改称《广播电视周报》，由浙江人民广播电台与浙江电视台合办。

1984年，《广播电视周报》改由浙江省广播电视厅主管，单设报社建制，实行独立经济核算。

1988年1月，《广播电视周报》更名为《浙江广播电视报》。

2001年12月起，《浙江广播电视报》由浙江广播电视集团主管主办。

2004年10月，《浙江广播电视报》改名为《浙江城市广播电视报》。

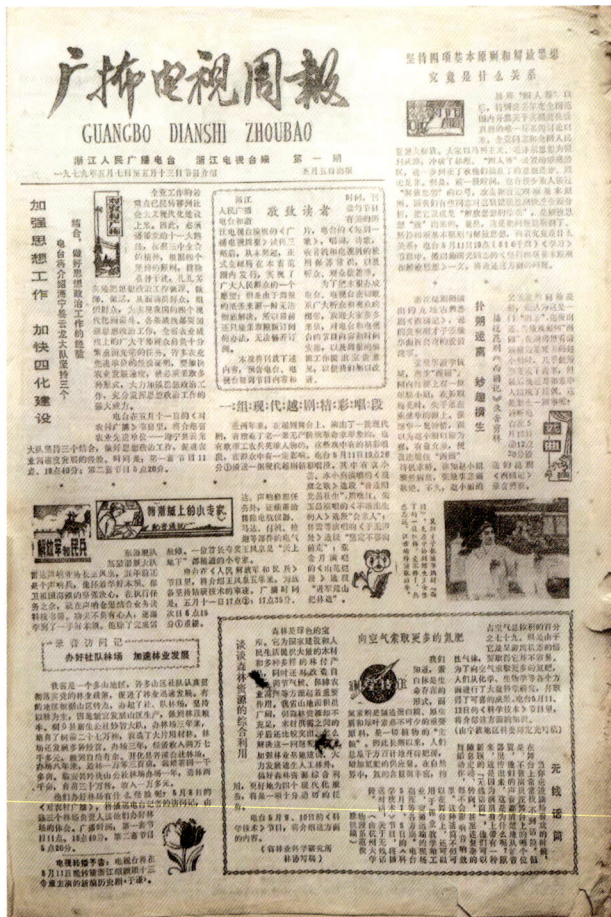

36　第一期《广播电视周报》

37

1979年6月10日，浙江电视台第一次播出广告节目，内容为杭州胡庆余堂的"抗结核片"、杭州味精厂的"西湖味精"等。当年共播出10条广告片，创收1.8万元。

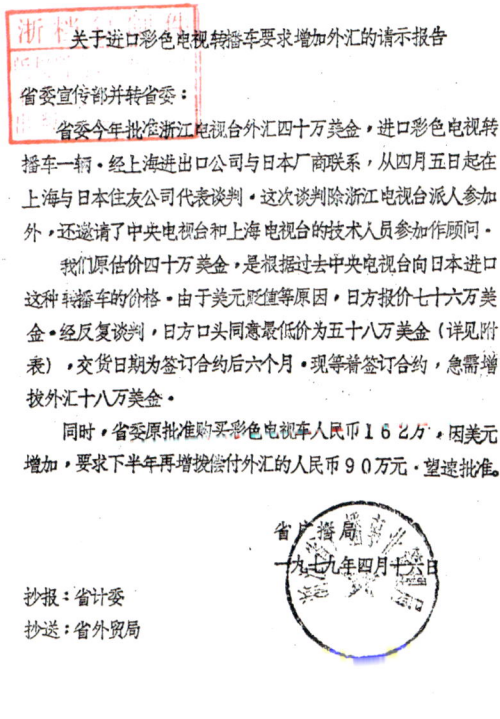

浙江省广播事业管理局

关于进口彩色电视转播车要求增加外汇的请示报告

省委宣传部并转省委：

省委今年批准浙江电视台外汇四十万美金，进口彩色电视转播车一辆。经上海进出口公司与日本厂商联系，从四月五日起在上海与日本住友公司代表谈判。这次谈判除浙江电视台派人参加外，还邀请了中央电视台和上海电视台的技术人员参加作顾问。

我们原估价四十万美金，是根据过去中央电视台向日本进口这种转播车的价格。由于美元贬值等原因，日方报价七十六万美金。经反复谈判，日方口头同意最低价为五十八万美金（详见附表）。交货日期为签订合约后六个月。现等着签订合约，急需增拨外汇十八万美金。

同时，省委原批准购买彩色电视车人民币162万，因美元增加，要求下半年再增拨偿付外汇的人民币90万元。望速批准。

省广播局
一九七九年四月十六日

抄报：省计委
抄送：省外贸局

40图一　浙江省广播事业管理局关于进口彩色电视转播车要求增加外汇的请示报告

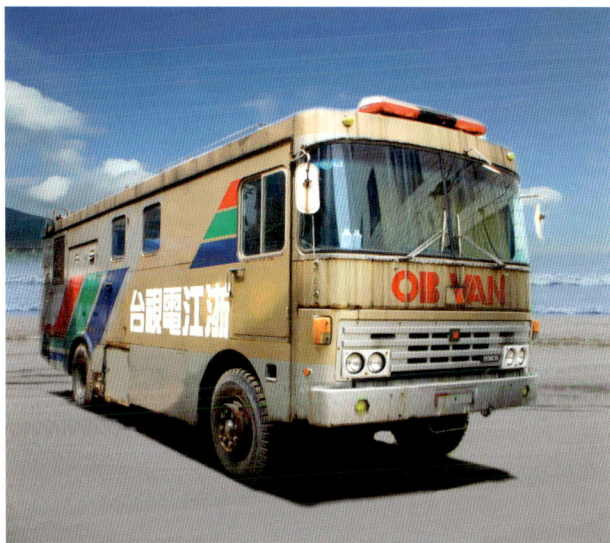

40图二　浙江电视台第一辆彩色电视转播车

38

1979年11月12日，浙江人民广播电台播出第一条企业产品广告"胡庆余堂复方丹参片"，单次收费为5元。

39

1980年，浙江电视台拍摄了第一部文艺专题片《越剧新苗》。

40

1980年3月，浙江电视台耗资人民币252万元，装备了第一辆彩色电视转播车。

41

1980 年 5 月，浙江电视台电视剧组成立，标志着浙江电视剧的发展进入专业化、规模化时期。

42

1980 年 10 月，由浙江电视台主办的我国第一份通俗电视艺术刊物——《大众电视》杂志创刊。创刊初期为双月刊，1981 年 7 月起改为月刊。1982 年开始向境外发行。1982 年 1 月，经中共浙江省委宣传部和文化部出版局批准，改由中国文联主管，电视剧艺术委员会和浙江电视台联合主办。1984 年 1 月，《大众电视》改为广播电视部主管，广播出版社和浙江电视台联合主办。1985 年 1 月，改为中国文联主管，中国戏剧家协会和浙江省广播电视厅联合主办。1987 年 1 月，改由中国文联主管、中国电视艺术家协会和浙江省广播电视厅联合主办。2002 年 8 月，改为国家广播电影电视总局主管，中国广播电视学会（现中国广播电视社会组织联合会）和浙江广播电视集团联合主办。目前为半月刊。

1983 年，由《大众电视》创办的"大众电视金鹰奖"开始在全国每年举办一届。1998 年升格为"中国电视金鹰奖"，由中国文联和中国电视艺术家协会主办，自 2006 年第 23 届起，每两年举办一届。

42　《大众电视》创刊号

43

1980年，浙江电影制片厂与中国香港长城电影制片公司联合摄制彩色宽银幕电影《胭脂》。1981年1月26日，在杭州剧院举行献映晚会。至1986年，在全省共放映13000多场，观众约1018万人次。

43　彩色宽银幕电影《胭脂》

44

1980年12月11日，温州姑娘章华妹领取新中国第一份个体工商业营业执照。她是中国民营经济发展的见证者，更是温州模式的实践者。

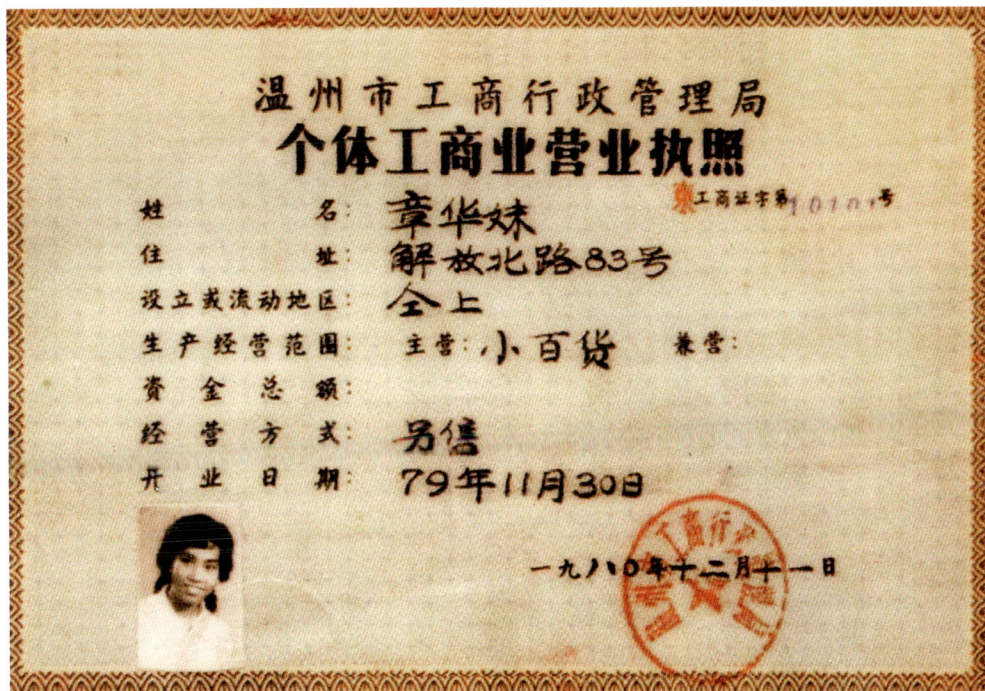

44　新中国第一份个体工商业营业执照（浙江电视台经济生活频道《飞越浙江》）

45

40年波澜壮阔的改革开放伟大征程中，浙江涌现出一大批勇立时代潮头、锐意改革创新、敢于实践探索的先锋模范。

1981年，改革先锋步鑫生在海盐衬衫总厂大胆进行企业改革，创品牌、闯路子，打破"大锅饭""铁饭碗"，被誉为集体企业改革的先行者。1983年秋，浙江电视台以步鑫生为原型，拍摄了纪实性电视剧《女记者的画外音》，获第四届中国电视剧飞天奖短篇一等奖。

1982年，时任义乌县委书记谢高华大胆提出"兴商建市"的区域发展战略，催生义乌小商品市场，彰显了一心为民、敢于担当的改革先锋精神。

1983年，鲁冠球以开拓者的胆识，主动与乡政府签订厂长个人风险承包合同，开创浙江企业承包改革的先河，被誉为乡镇企业改革发展的先行者。鲁冠球创立的万向集团，成为第一家产品进入美国的中国汽车零部件制造商。

45图一　浙江电视台摄制的专题片《步厂长和他的"双燕"》中的步鑫生（右一）

45图二　浙江电视台摄制的《女记者的画外音》剧照

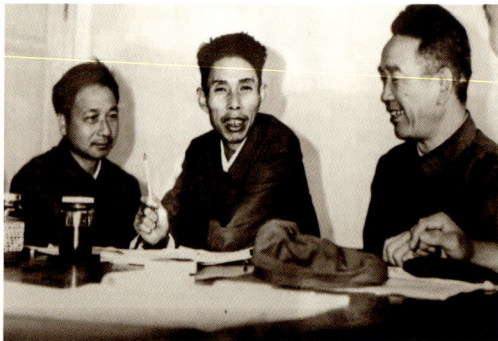

45图三　浙江电视台《浙江新闻联播》中的谢高华（中）

45图四　浙江电视台摄制的专题片《他，勇立潮头》中的鲁冠球（中）

46

1981年10月，浙江电视台拍摄我国第一部传记性电视连续剧《鲁迅》，于次年4月播出。

46　我国第一部传记性电视连续剧《鲁迅》剧照

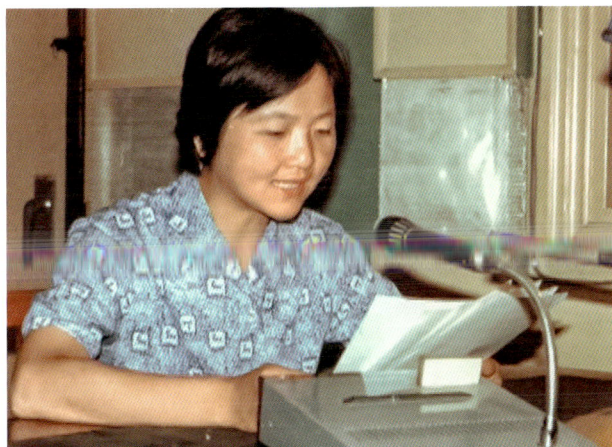

47

1983年，浙江人民广播电台《文艺之友》节目开办，这是浙江广播史上第一档主持人节目，也是新中国广播史上最早引入主持人概念的广播节目之一。

47　浙江人民广播电台播音员海娟作播音前准备

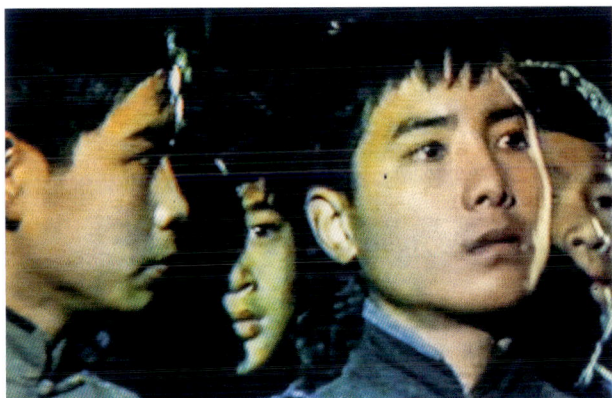

48

1983年，浙江电视台摄制6集电视连续剧《华罗庚》，这是我国第一部为健在的科学家摄制的传记片。

48　电视连续剧《华罗庚》剧照

49

1983年7月，浙江第一个市级电视台杭州电视台成立。1984年1月31日，杭州电视台正式开播，使用功率1千瓦的彩色电视发射机，播出频道为11频道。

1984年6月，温州电视台建立。7月1日正式开播。使用功率50瓦的电视发射机，播出频道为3频道。

1984年7月，宁波电视台建立，与宁波电视调频转播台合并，使用功率1千瓦的电视发射机，播出频道为12频道。

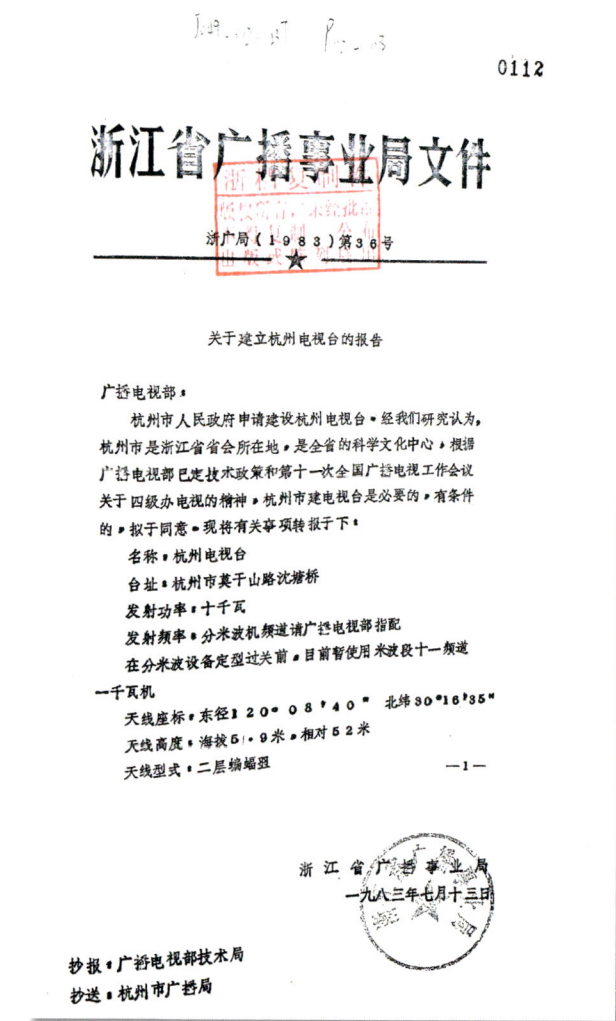

49　浙江省广播事业局关于建立杭州电视台的报告

50

1983年8月10日，浙江省广播事业局改称为浙江省广播电视厅。

1984年1月9日，经浙江省编制委员会批准，浙江人民广播电台下设办公室、农村部、工交部、政文部、科教部、文艺部、记者部、技术部、总务部；浙江电视台下设办公室、新闻部、专题部、对外宣传部、电视剧部、文艺部、技术部、总务部。

50　20世纪80年代浙江电视台技术部播出机房

51

1983 年 12 月，浙江音像出版社成立，系浙江省广播电视厅所属事业单位，实行企业化管理，下设编辑部、录音部、录像部。

52

1984 年 5 月 25 日，浙江人民广播电台开办调频立体声广播，频率 94 兆赫，功率 1 千瓦。

53

1984 年 8 月，浙江运动员吴小璇获得第 23 届洛杉矶奥运会女子射击冠军，成为中国第一位女子奥运冠军、浙江省第一位获得奥运金牌运动员。浙江人民广播电台、浙江电视台进行报道。截至成就展举办时，浙江奥运军团已拥有吴小璇、楼云、吕林、占旭刚、朱启南、罗雪娟、孟关良、周苏红、江钰源、叶诗文、石智男等十二位奥运冠军。

53　2018 年浙江省体坛十佳评选颁奖晚会现场合影（浙江籍奥运冠军，左起：石智勇、朱启南、周苏红、吴小璇、叶诗文、占旭刚、楼云、孟关良、吕林、罗雪娟、江钰源）

54

20 世纪 80 年代，浙江省开始建设微波干线网。1984 年 7 月，杭州—金华微波干线开通；1988 年 1 月，杭州—湖州—嘉兴微波干线开通；1989 年 2 月，杭州—宁波—台州—温州微波干线开通。

55

1984年2月，受国家广播电视部委托，浙江省广播电视厅开始筹建浙江广播电视专科学校，1986年建成。

1994年，经国家广播电影电视部、国家教育委员会批准，浙江广播电视专科学校正式更名为浙江广播电视高等专科学校。

2000年5月，浙江广播电视学校并入浙江广播电视高等专科学校。

2003年1月，教育部正式批准在浙江广播电视高等专科学校的基础上筹建浙江传媒学院。

2004年5月，教育部正式下文批准成立浙江传媒学院。

55图一　浙江广播电视高等专科学校

55图二　浙江传媒学院

56

1984年8月，浙江省第一个县级电视台江山电视台成立。

57

1985 年，中国自行设计建造和运营管理的第一座压水堆核电站——秦山核电站在浙江海盐建成。浙江人民广播电台、浙江电视台进行了报道。

57　建设中的秦山核电站

58

20 世纪 80 年代中期，全省 11 个市和 66 个县（市、区）建立电视发射台，在转播中央电视台和浙江电视台节目的同时，陆续开播自办节目。

59

1987 年 8 月 25 日，浙江省第一个群众性广播电视学术团体——浙江省广播电视学会成立。之后，全省 11 个市级广播电视学会相继成立。

60

1987年11月，浙江省电视剧制作中心成立。

61

1988年4月，浙江省电视艺术家协会成立。

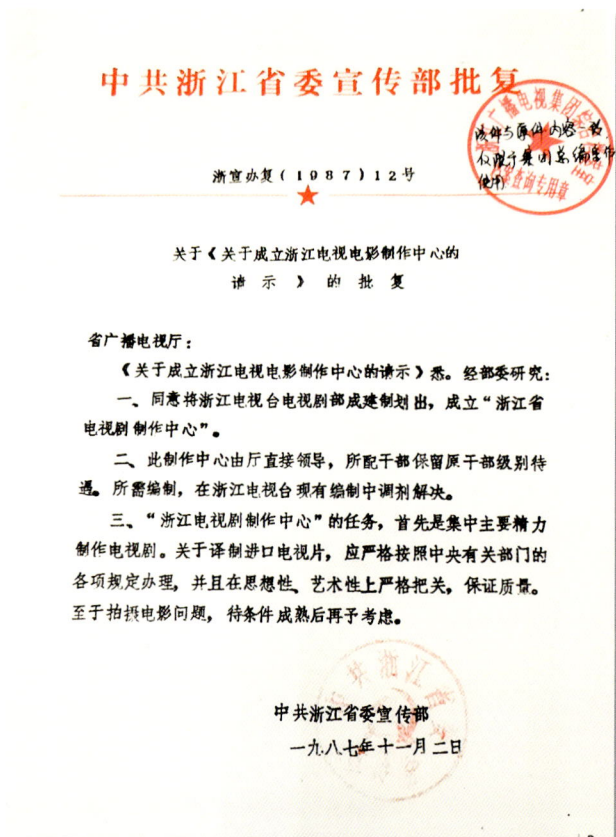

中共浙江省委宣传部批复

浙宣办复（1987）12号

关于《关于成立浙江电视电影制作中心的请示》的批复

省广播电视厅：

《关于成立浙江电视电影制作中心的请示》悉。经部委研究：

一、同意将浙江电视台电视剧部成建制划出，成立"浙江省电视剧制作中心"。

二、此制作中心由厅直接领导，所配干部保留原干部级别待遇。所需编制，在浙江电视台现有编制中调剂解决。

三、"浙江电视剧制作中心"的任务，首先是集中主要精力制作电视剧。关于译制进口电视片，应严格按照中央有关部门的各项规定办理，并且在思想性、艺术性上严格把关，保证质量。至于拍摄电影问题，待条件成熟后再予考虑。

中共浙江省委宣传部
一九八七年十一月二日

60　关于成立"浙江电视电影制作中心"的批复件

62

1988年8月，杭州遭遇特大台风，市区共有6万多棵大树被刮倒。浙江人民广播电台发起"救救大树"的倡议，超过10万人参加这次救树行动，浙江人民广播电台、浙江电视台进行了报道。

63

1989年，浙江电视艺术家协会创办"浙江省电视艺术奖"。2001年改为与浙江省广播电视厅合办。2002年，奖项更名为浙江省电视"牡丹奖"。

64

64 关于要求做好浙江人民广播电台经济台试播转播工作的通知

1989 年 12 月 25 日，浙江人民广播电台经济台开播。

1993 年 1 月 1 日，浙江人民广播电台文艺台开播。

1998 年 6 月 12 日，浙江人民广播电台交通之声开播。

1998 年 6 月 12 日，浙江人民广播电台健康之声开播。2003 年 2 月 28 日，浙江人民广播电台健康之声更名为城市之声。

2001 年 11 月 14 日，浙江人民广播电台音乐调频开播。

65

1990 年 9 月，浙江电视台进行栏目调整，更加注重贴近群众、贴近生活，集中力量办好《众安桥》《调色板》《山外山》《七彩路》等栏目。

66

　　1990年6月20日,浙江人民广播电台播出《嘉兴开展"我为南湖增光辉"活动》,号召全省党员干部积极行动起来,为南湖革命纪念馆建设增光添彩,浙江电视台也进行了报道。10月1日,南湖革命纪念馆动工兴建,次年6月25日落成并对外开放。

66图一　嘉兴市开展"我为南湖增光辉"活动动员大会（1990年6月30日，浙江电视台《浙江新闻》）

66图二　嘉兴南湖革命纪念馆落成典礼（1991年6月25日，浙江电视台《浙江新闻联播》）

67

1990 至 1996 年，浙江电视台先后赴南极、北极、青藏高原，拍摄"地球三极"电视系列片《南极与人类》《北极随想》《跨越地球之巅》。

67图一　浙江电视台《南极与人类》摄制组

67图二　浙江电视台《北极随想》摄制组

67图三　浙江电视台《跨越地球之巅》摄制组

68

1990年10月，浙江电视台承办的第一届西湖电视博览会在杭州举行，来自日本、新加坡、泰国等10多个国家和地区以及全国广播电视界200多位代表出席，宣传推广了浙产电视剧、浙江文化。

69

1991年，浙江省第一条高速公路——杭甬高速开工建设。1996年全线通车，浙江人民广播电台、浙江电视台进行报道。

69图一　杭甬高速试通车（浙江电视台《浙江卫视新闻》）

1998年6月11日，金温铁路全线开通，浙西南人民盼望了大半个世纪的梦想终于成真，浙江人民广播电台、浙江电视台进行了报道。

69图二　金温铁路全线开通（浙江电视台《浙江卫视新闻》）

70

　　1992 年 1 月，浙江省广电中心在杭州市莫干山路 111 号落成，浙江省广播电视厅、浙江人民广播电台、浙江电视台迁入省广电中心。

70　建设中的浙江省广电中心大楼

71

　　1992 年 1 月，浙江电视台在美国中文电视台 SINOVISION 首次设立境外固定对外传播窗口，每周播出《浙江潮》。浙江人民广播电台于 1997 年 5 月 13 日在美国洛城双语电台首次建立境外固定对外传播窗口，每周播出《今日浙江》。

72

1993 年元旦，在浙江电视台文艺台（浙江电视台 2 套）基础上成立的钱江电视台正式开播。

1993 年 7 月 1 日，浙江有线电视台开通试播。

1995 年 5 月 2 日，浙江教育电视台正式成立。1996 年 2 月 8 日正式开播，是全国第一家由广播电视系统自行创办的省级教育电视台。

1998 年 10 月 18 日，浙江有线电视台公共频道开播。

72图一　1993年1月1日，钱江电视台开播

72图二　1996年2月8日，浙江教育电视台开播

73

1994 年 1 月 1 日，浙江电视台新闻综合频道节目与浙江人民广播电台一套节目（AM810）成功上星。

2001 年 11 月 1 日，浙江人民广播电台浙江之声 FM88、经济广播 FM95、民生资讯广播 FM99.6、交通之声 FM93、健康之声（2003 年更名为广播城市之声）FM107 成功上星。

2003 年 8 月 27 日，浙江人民广播电台音乐调频 FM96.8、旅游之声 FM104.5 成功上星。

73　浙江省广播电视微波总站卫星上行天线

74

　　1994 年 1 月 18 日，浙江省电视节目交流中心成立。

75

　　1994 至 1999 年，浙江电视台先后拍摄了大型电视系列片《环球看香港》《话说澳门》《跨海看台湾》，形成"三看系列"。

75图一　《环球看香港》节目片头

75图二　《话说澳门》节目片头

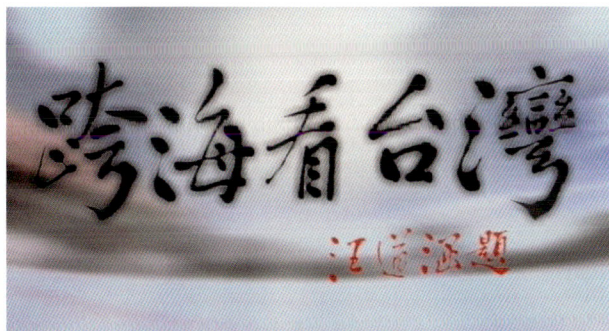

75图三　《跨海看台湾》节目片头

76

1995 年 8 月，浙江电视台周末版开播，在全国率先开发双休日白天电视资源，丰富群众文化生活。

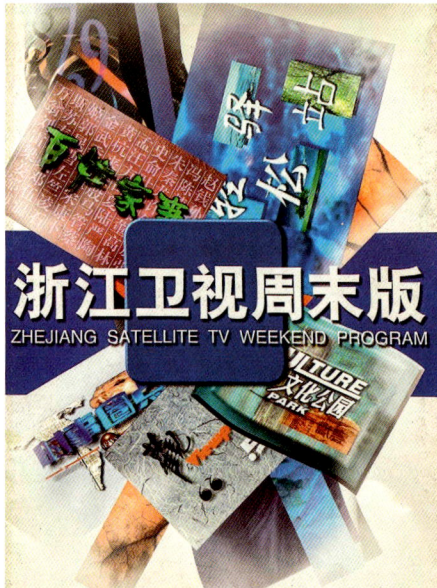

76　浙江卫视周末版海报

77

1997 年 12 月，浙江省广播电视主干光缆传输网建成，1998 年元旦开通试运行，是世界上第一个采用国际标准 SDH/MPEG-2 技术的实用化广播电视数字光缆传输系统。

78

1998 年 5 月，浙江人民广播电台交通之声开始进行调频同步广播试验和收听测试。2001 年初，国家广播电影电视总局批复同意在杭甬高速公路沿线进行 FM93 模拟立体声同步广播试验并播出。2005 年 5 月，开始启动数字同步广播试验。2007 年 10 月，通过国家广播电影电视总局验收，在全国第一个实现全省一个频率（FM93）全覆盖。

79

79　浙江电视台记者在抗洪前线采访报道

1998 年 8 月，浙江人民广播电台、浙江电视台记者跟随驻浙部队前往江西九江抗洪前线采访报道，13 天连续播发广播电视新闻逾百条，记录下这场与世纪大洪水的殊死决战。

80

80　浙江教育电视台现场直播"新浙江大学成立大会"

1998 年 9 月 15 日，浙江大学、杭州大学、浙江农业大学、浙江医科大学四校合并，浙江教育电视台现场直播。

81

1999年9月10日，阿里巴巴成立，从杭州走向世界。浙江人民广播电台、浙江电视台自1994年起，一路见证阿里巴巴的成长。

81　2014年9月，阿里巴巴在纽约证交所上市

82

1999年9月28日至10月2日，浙江电视台推出《共和国万岁——浙江电视台庆祝建国五十周年100小时特别节目》。

82　《共和国万岁——浙江电视台庆祝建国五十周年100小时特别节目》片头

83

20世纪90年代，浙江11个市、66个县（市、区）的广播电视机构相继开通调频立体声广播，收听效果大为提升。

84图一　"钱江潮现场直播"导播现场

84图二　"钱江潮现场直播"现场

84

2000 年，浙江电视台与中央电视台联合进行最大规模的钱塘江潮直播，推出直播特别节目《世纪大潮——钱江潮现场直播》，全方位、多角度展示了钱江潮"壮观天下无"的自然景观。

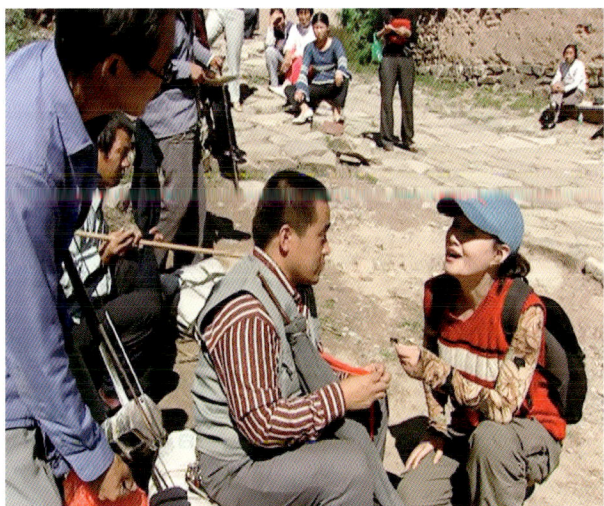

85　亚妮正在采访

85

2000 年 3 月 1 日，浙江电视台新闻综合频道推出全国首个以主持人冠名的文化访谈节目《亚妮专访》。

86

2000年4月，根据浙江省政府机构改革方案决定，浙江省广播电视厅更名为浙江省广播电视局，列入省政府直属机构序列。

87

2000年10月，浙江电视台、浙江有线电视台、浙江教育电视台启动"三台合并"。

2001年1月1日，"三台合并"后的浙江电视台对外亮相，下设新闻综合频道（上星频道）、钱江都市频道、经济生活频道、教育科技频道、影视文化频道、体育健康频道。

浙江省广播电视局（ 请示

浙广局请[2000]92号

关于浙江电视台、浙江有线电视台、浙江教育电视台三台合并和部分台名、呼号变更的请示

国家广播电影电视总局：

根据国务院办公厅国办发（1999）82号文件精神和中宣部、国家广电总局关于无线电视台与有线电视台合并的要求，按照省委、省政府、省委宣传部关于组建广播电视集团分三步走的部署，作为组建浙江广播电视集团第一步的重点工作，拟对我省广播电视局所属浙江电视台和浙江有线电视台、浙江教育电视台实施合并。为此，特申请对三台的台名、呼号、频道定位等进行相应的变更。

合并后的浙江电视台，保留原有三台的六个频道，通过对现有频道资源的整合，科学分工，合理定位，实现资源优化配置，形成以上星传输的新闻综合频道为龙头、五个各具特色的专业频道相配套的多功能、系列化的新格局。力求频道定位准确，布局合理，发挥浙江电视的整体优势，为组建浙江广电集团打好基础。

合并后浙江电视台的六个频道，统一用浙江电视台的

87　浙江省广播电视局关于"三台合并"等的请示

88

2000年12月30日，杭州萧山国际机场建成通航，浙江人民广播电台、浙江电视台进行了报道。

今天零点，杭州萧山机场正式投入运营

88　《浙江卫视新闻》报道杭州萧山机场正式投入运营

☆ "浙江广播电视 70 年成就展" 第二展区部分展厅场景

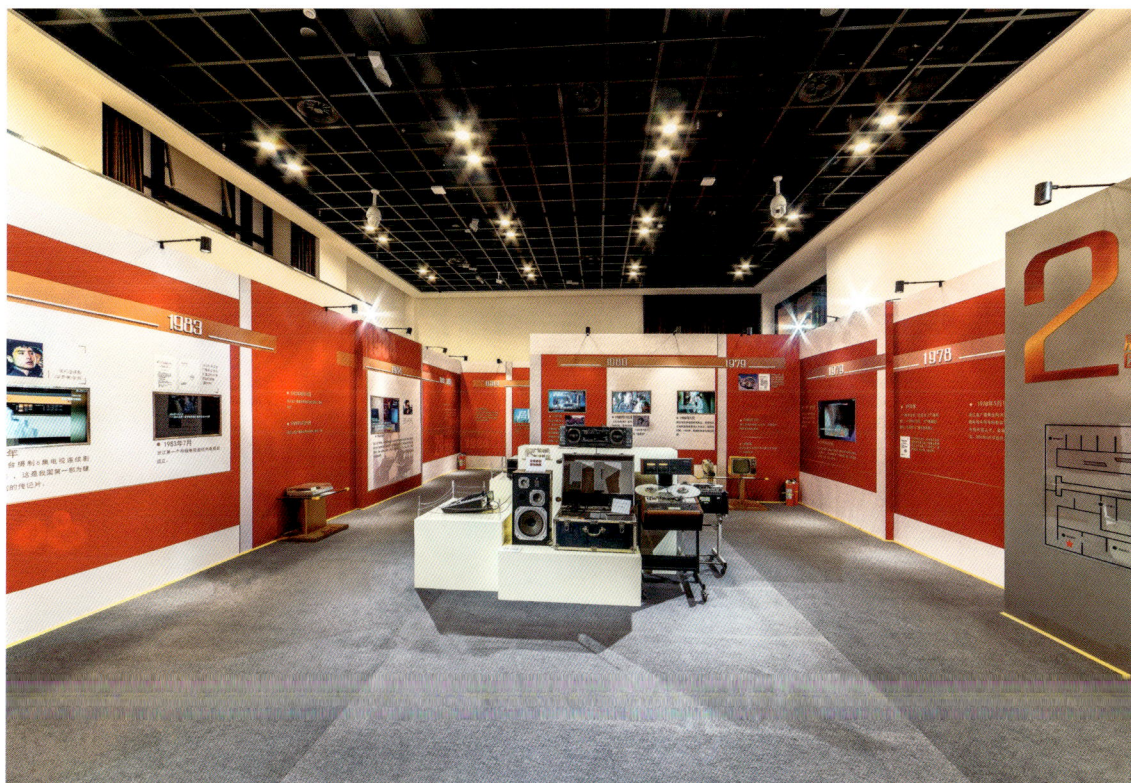

☆ "浙江广播电视 70 年成就展"第二展区部分展厅场景

☆第二展区陈列的广播电视设备

西湖GY-Q-19A型六路立体声调音台

Soundcraft 调音台

Sansui DA-S500A三分频监听音响

TZJ-840同步广播专用调频接收机

STUDER A807双轨开盘机

演播室灯具

JVC KY-2000摄像机

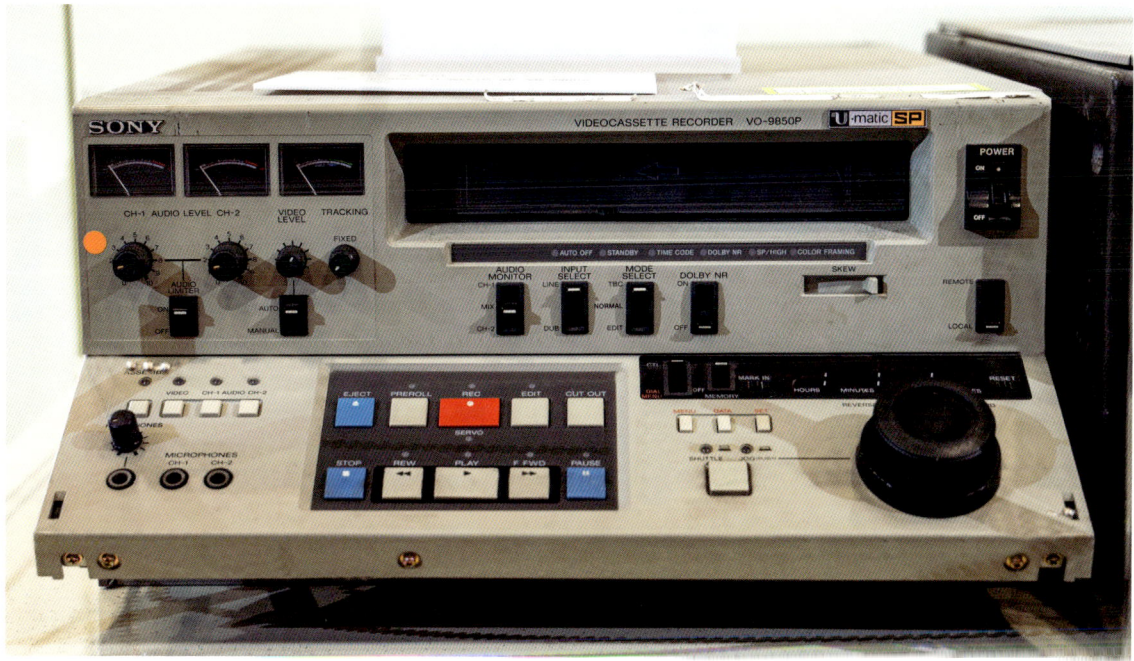

SONY U-MATIC SP VO-9850P录像机

OTARI MX-5050开盘机

SONY BVP-200P摄像机

☆第二展区陈列的广播电视设备

TS-5380A 彩色/黑白电视信号发生器

SONY BVU-150P录像机

VO-9800P录像机

JBL6230/6260功率放大器

PS-LX2自动转盘立体声电唱机

HITACHI Z-one摄像机

SONY CVM-1350CH彩色监视器

SONY VO-5850录像机

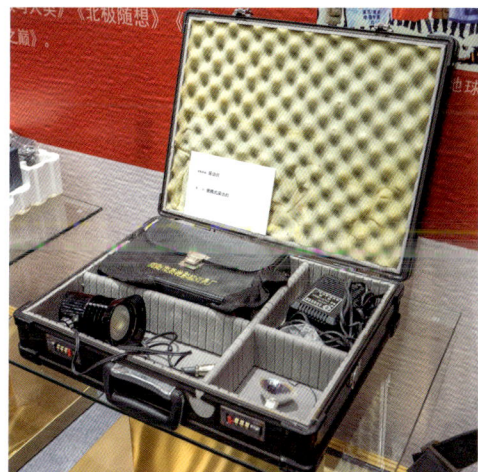
采访灯

熊猫牌电视机

Ikegami79E摄像机

Panasonic DVCPRO 50录像机

☆ 第二展区陈列的广播电视设备

BETACAM SP PVW-2800P录像机

SILVER CA668外景监视器

BVW-70P录像机

SONY BVU-110P录像机

JVC Digital S录像机

JSGF-1-250W高保真声频功率放大器

第三展区：勇立潮头

（2001—2011 年）

    进入新世纪，浙江广播电视改革再深化。2001 年 11 月 8 日，国家广播电影电视总局批复组建成立浙江广播电视集团。12 月 26 日，集团举行挂牌仪式。浙江省级广电分设为浙江省广播电视局和浙江广播电视集团，由此管办分开、机构分设、各司其职。浙江省广播电视局承担原属政府行政管理的职能，对全省广播影视业包括原有行业系统和社会广播影视业实施行政管理。浙江广播电视集团承担宣传文化工作任务和集团内国有资产保值增值职责，实行"党委领导、政府管理、集团运作"新体制。浙江广电集团牢记职责使命，立足主责主业，凸显主流主力，坚持以打造节目、栏目、活动、主持人、制片人和频道"六大系列品牌"为突破口，全力推动思想解放、观念创新，持续深化体制机制改革，加速部署集团多功能、复合型、系列化发展新格局。弄潮儿向涛头立。十年间，浙江广播电视集团锐意进取，破浪前行。"中国蓝"品牌崛地而起，政治建设、能力建设、队伍建设、装备建设不断增强，传播力、引导力、影响力日益提升，综合实力挺进全国省级广电头部阵营，被媒体行业誉为"TV 榜样"。

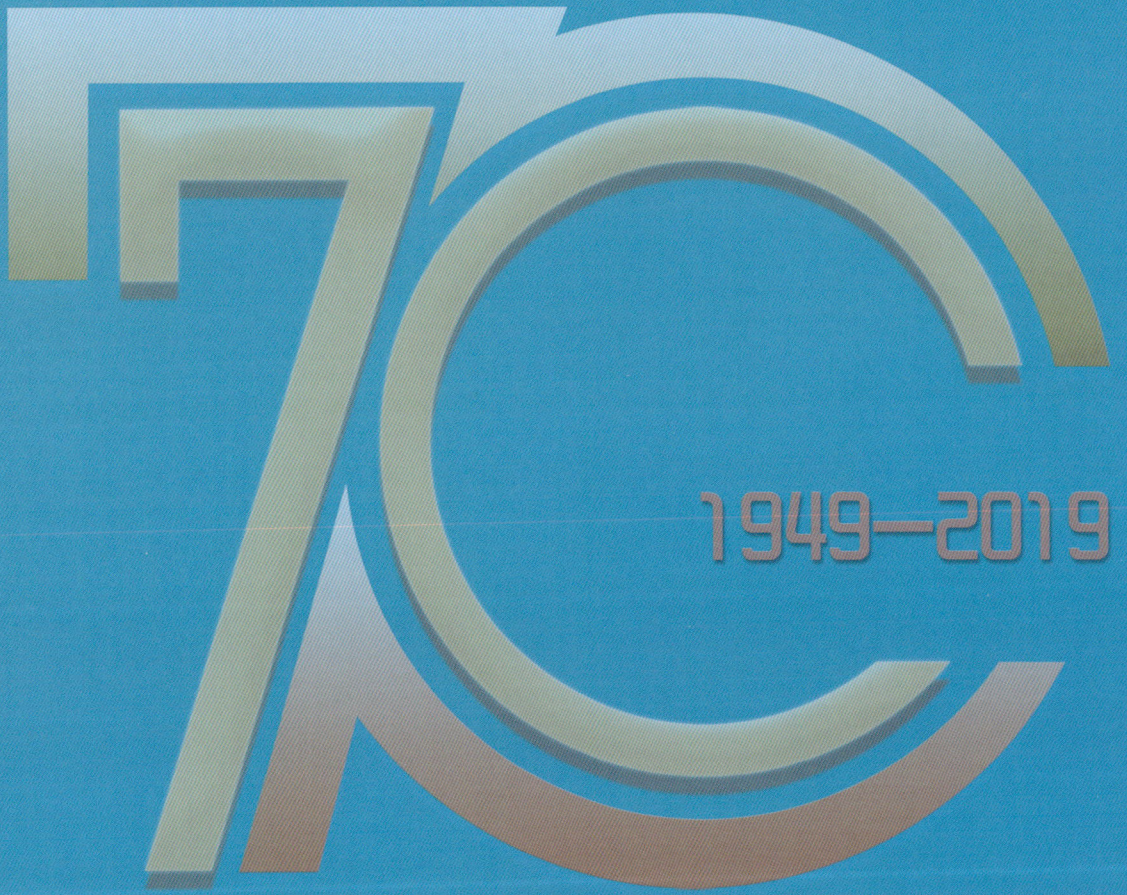

70

1949—2019

89

2001年11月8日，国家广播电影电视总局批复，组建成立浙江广播电视集团。浙江省级广电自此分设为浙江省广播电视局和浙江广播电视集团。12月26日，两机构正式挂牌。

89图一　关于同意成立浙江广电集团的批复

89图二　浙江省广播电视局挂牌仪式

89图三　浙江广播电视集团挂牌仪式

90

2001年1月，浙江省中波发射管理中心成立，全省广播转播台成建制划归浙江省广播电视局主管。

2002年，浙江省中波发射管理中心转由浙江广播电视集团管理。

91

2001年1月3日，浙江电视台《风雅钱塘》栏目开播，成为电视人文节目栏目化运作的代表。

91图一　浙江电视台《风雅钱塘》栏目片头

2001年9月29日，浙江电视台经济生活频道推出航拍《飞越浙江》大型系列电视活动，开全国先河。

91图二　浙江电视台经济生活频道《飞越浙江》摄制组

92

2002 年 3 月，浙江电视台公共频道开播。

2006 年 4 月，浙江电视台公共频道呼号更改为"浙江电视台公共·新农村频道"。

2016 年 3 月，浙江电视台公共·新农村频道呼号更改为"浙江电视台公共·新闻频道"。

93

2002 年 5 月，浙江电视台教育科技频道创意推出"五月的鲜花——全国大学生文艺会演"品牌活动，主办为国家教育部，承办为浙江广播电视集团、中国教育电视台（2011 年起，由中宣部、教育部、团中央主办，中央电视台承办）。

93　首届"五月的鲜花——全国大学生文艺会演"在浙江大学举行

94

2002年7月12日，浙江广播影视资源研究开发中心成立。

2002年11月3日，浙江省广播电视监测中心成立。

2003年9月，浙江省广播电视产业协会成立。

95

2003年1月1日，浙江电视台新闻综合频道呼号更改为"浙江卫视"。

2003年1月1日，浙江人民广播电台旅游之声正式开播。

96

2002年12月20日，省重点工程，浙江广播电视集团成立后的第一个大型工程项目——浙江省广播电视数字卫星地球站开工建设，2003年9月1日建成投用。集团广播电视信号传输从模拟时代跨入数字时代，大大提高传输质量，节省运行成本，为启动数字高清广播电视奠定基础。

96 建设中的浙江省广播电视数字卫星地球站

97图一 《小强热线》2003年1月1日开播

97

2003年1月1日，浙江电视台教育科技频道开播民生新闻栏目《小强热线》，开浙江省民生新闻先河。此后，体育健康频道、钱江都市频道先后开办《1818黄金眼》《范大姐帮忙》等民生新闻栏目，受到观众欢迎。

97图二 《1818黄金眼》2004年1月1日开播

97图三 《范大姐帮忙》2004年3月22日开播

98

2003年，浙江电视台经济生活频道创办首届浙江商人年度"风云人物"评选，评出了年度浙商领军人物。2004年起，改称"风云浙商评选活动"。

98图一　2003年，首届浙江商人年度"风云人物"评选

2005年，浙江电视台钱江都市频道创办首届年度最具影响力人物评选"浙江骄傲"。

98图二　2009年，"浙江骄傲——年度最具影响力人物评选"颁奖典礼在浙江省人民大会堂隆重举行。

2006年，浙江人民广播电台新闻综合频道和浙江电视台公共·新农村频道联合承办首届"浙江新农村建设带头人'金牛奖'评选"活动。

98图三　2007年，首届"浙江新农村建设带头人'金牛奖'评选"颁奖典礼

99

2003年4月，浙江广播电视集团各频率、频道积极组织"抗击非典"报道，密集排播公益广告、公益歌曲、科普知识等，对有效控制非典疫情扩散、稳定人心、增强凝聚力起到重要作用。

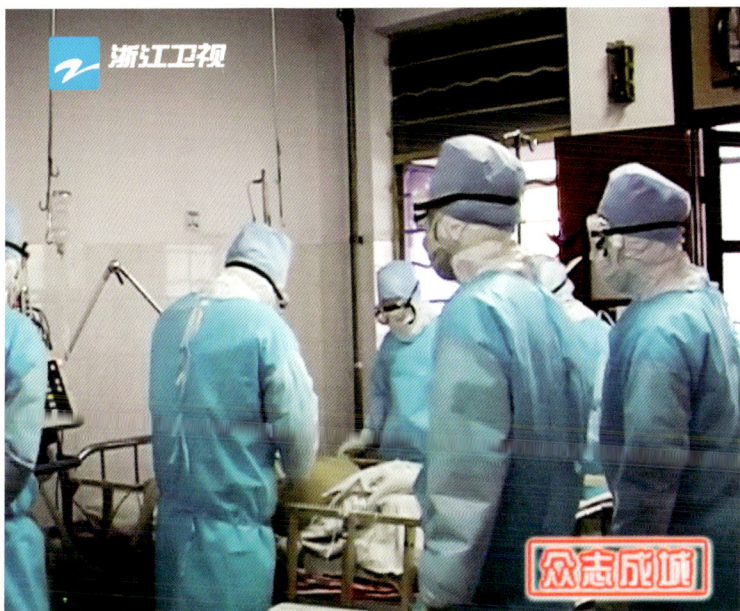

99　医护人员在病房救治"非典"患者（《众志成城》抗击非典专题报道）

100

2003 年，我国第一个影视产业实验区——浙江横店影视产业实验区建立，对推动全省影视产业的集聚与发展，加快浙江省文化体制创新和文化大省建设具有重要意义。

101

2004 年元旦，浙江电视台体育健康频道首次使用 1 艘 43 米长的飞艇、3 辆转播车、14 台摄像机，从空中、水上、地面对"冬季运动节"和"新西湖"独立进行全方位直播。

101　浙江电视台体育健康频道采用43米长的飞艇拍摄节目

102

102图一　浙江电视台留学世界频道试播仪式

102图二　浙江电视台少儿频道成立仪式

102图三　浙江电视台体育健康频道呼号更改的批复

102图四　浙江电视台影视文化频道呼号更改的批复

2004年1月,电视专业数字频道——浙江电视台留学世界频道开播。

2004年10月，浙江电视台少儿频道成立。

2005年9月，浙江电视台体育健康频道呼号更改为"浙江电视台民生休闲频道"。

2005年12月，浙江电视台影视文化频道呼号更改为"浙江电视台影视娱乐频道"。

2006年8月，浙江电视台国际频道成立，8月20日通过国家长城卫星电视平台在欧洲落地。

102图五　浙江电视台国际频道成立仪式

103

2004年12月29日，由浙江广播电视集团控股的浙江影视（集团）有限公司成立，参投拍摄了《集结号》《非诚勿扰》《唐山大地震》《一九四二》等电影，《温州一家人》《历史转折中的邓小平》等电视剧。

2014年8月，浙江影视（集团）有限公司全资子公司蓝色星空影业有限公司成立。蓝色星空相继参投拍摄了《捉妖记1》《捉妖记2》《烈日灼心》《湄公河行动》《北京遇上西雅图之不二情书》《红海行动》等电影。

103图一 　《历史转折中的邓小平》海报

103图二 　《可爱的中国》海报

103图七 　《红海行动》海报

103图八 　《集结号》海报

103图三　《温州一家人》海报

103图四　《烈日灼心》海报

103图五　《捉妖记》海报

103图六　《捉妖记2》海报

103图九　《唐山大地震》海报

103图十　《湄公河行动》海报

103图十一　《非诚勿扰》海报

104

2005 年 5 月，浙江广播电视集团策划推出 90 集大型系列报道《"八八战略"在基层》，充分宣传"八八战略"重大战略决策部署在全省各地的生动实践。

104图一　浙江卫视《"八八战略"在基层》慈溪篇

104图二　浙江卫视《"八八战略"在基层》淳安篇

104图三　浙江卫视《"八八战略"在基层》路桥篇

105

2002 年起，浙江省陆续出台系列政策推动动漫产业发展，先后设立国家影视动画产业基地 2 个，教学研究基地 3 个，动漫年产量长期居于全国前列。2018 年，浙江省总发行电视动画片 54 部，位居全国第二，入选国家广播电视总局年度推优 15 部，名列全国第一，数量质量齐获丰收。

106图一　首届中国国际动漫节现场

106

2005 年 6 月，由国家广播电影电视总局、浙江省人民政府主办，杭州市人民政府、浙江省广播电视局和浙江广播电视集团承办的首届中国国际动漫节在杭州成功举行，吸引美国、日本、韩国、英国、德国等 10 多个国家和地区动漫界专家学者、知名人士参加，总成交额达人民币 20 亿元。2006 年起，中国国际动漫节长期落户杭州。截至 2019 年，已成功举办十五届。

106图二　2019年举办的第十五届中国国际动漫节，参与的国家和地区数量、办展规模、参与人数、交易金额、节展效益等5项指标均创新高

107

2005年9月5日，浙江广播电视集团推出"激情飞扬"节目改版晚会，浙江电视史上规模空前的节目改版拉开了序幕。

浙江电视台下属的9个电视频道进行重新定位、全面改版，强化频道专业特色。各电视频道启用新台标，着力构筑"橙色风暴""红色冲击""玫瑰温馨""银色时尚"等系列视觉风尚。

107图一　浙江卫视"激情飞扬"节目改版晚会

107图二　各电视频道启用的新台标

108

2006年2月4日，浙江人民广播电台、浙江卫视《浙江新闻联播》播出时任中共浙江省委书记习近平同志发表的《与时俱进的浙江精神》（摘编）署名文章，将"浙江精神"概括为"求真务实、诚信和谐、开放图强"12个字。次日，《浙江日报》全文刊发。

习近平署名文章
《与时俱进的浙江精神》（摘编）

108　浙江卫视播出习近平署名文章《与时俱进的浙江精神》（摘编）

109 《新长征路上的浙江人》启动仪式

109

2006 年 4 月 18 日，浙江卫视年度大型新闻行动——《新长征路上的浙江人》正式启动，将活动与报道融为一体，创新了主题报道的表现形式。

110

2005 年起，浙江广播电视集团各宣传单位组织抗击台风"麦莎""桑美"等直播报道，浙江卫视"抗台七姐妹"被授予"全国三八红旗集体"荣誉称号。

110 浙江卫视"抗台七姐妹"

111

2006年10月28日,杭千高速全线通车,浙江人民广播电台、浙江卫视等进行报道。

111图一　浙江卫视报道杭千高速全线贯通

2008年5月1日,杭州湾跨海大桥顺利通车,浙江卫视打造浙江电视新闻史上最大规模直播,海陆空三栖全方位联动播报。

111图二　杭州湾跨海大桥

2013年7月1日,亚洲最大交通枢纽之一——杭州火车东站建成投用,浙江人民广播电台、浙江卫视等进行报道。

111图三　杭州火车东站全景

112

2006 年 11 月 8 日，浙江广播电视集团首开先河，创办了中国（浙江）电视观众节。观众节以"回报观众、回报社会"为宗旨，突出"参与、热闹、娱乐、开放"，注重活动创意的独特性、活动主体的大众性、活动形态的互动性、活动元素的娱乐性，每年都吸引上千万观众的热情参与，产生了广泛的传播效应，被广大群众誉为"观众的节日""文化的盛典"，被业界学者称作"电视的榜样""创新的范例"。

至 2015 年，观众节已成功举办十届，其社会影响与日俱增。从很大程度上说，观众节的实践意义和创新价值，就在于在电视史上首次为观众办节，体现了广播电视主流媒体主动服务观众的理念。

112　首届中国（浙江）电视观众节开幕式

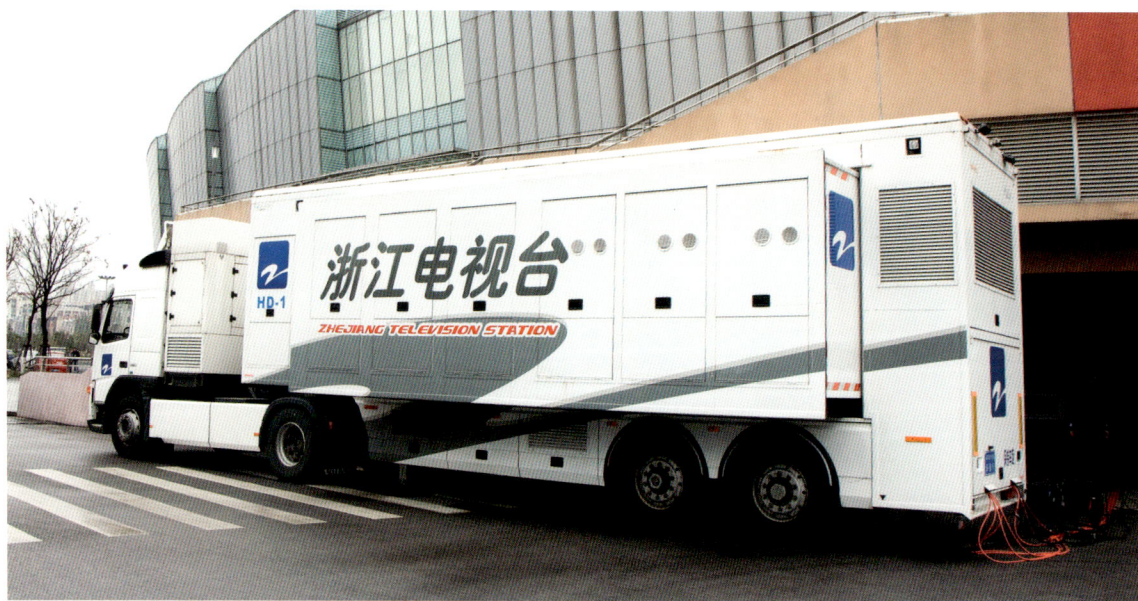

113图一　浙江广播电视集团第一辆高清电视转播车

113

2006 年底，为迎接北京奥运会和女足世界杯，浙江广播电视集团投资 5000 万元，装备国内第一辆符合奥运会转播要求的高清电视转播车和国内第一辆数字化 5.1 环绕声音频车。此后，集团加大投入，先后装备了 2 号、3 号高清电视转播车。

2007 年，浙江广播电视集团首次圆满完成大型国际体育赛事转播——女足世界杯转播任务。

2008 年，浙江广播电视集团高质量完成北京奥运会羽毛球项目转播任务。

113图二　浙江电视台工作人员正在转播女足世界杯

113图三　2008年8月8日，浙江广播电视集团参与北京奥运会转播的部分工作人员合影

114　《我爱记歌词》在演播厅录制中

114

2007年9月，浙江卫视策划创制了全国首档互动音乐节目《我爱记歌词》，成为现象级综艺节目。

115　浙江卫视记者在抗击冰雪灾害现场采访报道

115

2008年1月，面对几十年不遇的雨雪冰冻灾害，浙江广播电视集团各广播电视频道播出抗击冰雪报道600多篇，特别直播报道210多个小时，为抗击冰雪灾害作出了贡献。

116　浙江广播电视集团各频道记者在汶川灾区现场采访报道

116

2008年5月12日，四川汶川发生8.0级大地震，浙江广播电视集团各宣传单位先后派出119名采编播和技术人员深入地震灾区一线采访报道，共播出抗震救灾宣传报道1512个小时，策划推出抗震救灾主题晚会、公益活动、特别节目，募集抗震救灾款物价值逾2亿元。

117

2008年8月25日，浙江卫视推出"中国蓝"品牌。

2008年11月13日，浙江人民广播电台新闻综合频道呼号更改为"浙江之声"。

2009年6月18日，浙江广播电视集团好易购频道开播。

2009年10月，浙江广播电视集团以"高起点、大手笔、全互动、新业态"为发展目标，组建成立浙江网络广播电视台（新蓝网），12月28日新蓝网上线，标志着集团新媒体事业迈出开疆拓土的第一步。

117图一　浙江卫视推出"中国蓝"品牌

117图二　浙江之声呼号启用新闻发布会

117图三　好易购频道开播仪式

117图四　新蓝网上线

118

2008 至 2010 年，浙江卫视策划推出"三看浙江"大型系列专题片，分别为 2008 年《锦绣天地看浙江》、2009 年《神州大地看浙江》、2010 年《五洲四海看浙江》。

118图一　《锦绣天地看浙江》

118图二　《神州大地看浙江》

118图三　《五洲四海看浙江》

119

2009年，浙江卫视摄制十集大型高清人文系列电视片《浙江文化地理》。

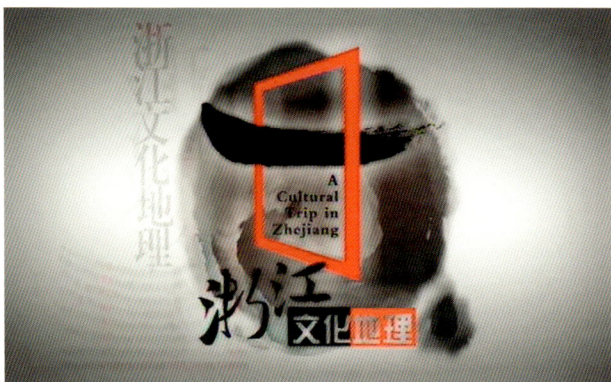

119　《浙江文化地理》

120

2009年9月28日，浙江卫视作为全国第一批高清频道，实现高标清同步播出。

120　浙江卫视开播高清电视节目

121

2009年4月15日，浙江省广播电影电视局揭牌，浙江省广播电视局更名为浙江省广播电影电视局。9月，浙江省广播电视局与浙江省文化厅完成电影行政管理工作职能划转。

121　《浙江城市广播电视报》报道浙江省广播电影电视局揭牌

122

2010 年 8 月 2 日，浙江吉利以 15.5 亿美元收购沃尔沃汽车，浙江广播电视集团各频率、频道第一时间予以报道。

122　浙江卫视报道吉利收购沃尔沃

123

2011 年 1 月 8 日，浙江广播电视集团总投资 30 亿元的浙江省重点文化产业项目浙江国际影视中心奠基

123　浙江国际影视中心奠基

124

2011年9月，浙江广播电视集团控股组建浙江广电新媒体有限公司，全面负责浙江IPTV集成播控平台的建设、管理及运营，与浙江电信合作开展IPTV互动电视业务。目前，浙江IPTV用户达700万户，覆盖人群超2500万人，综合实力跻身全国前列。

124　浙江IPTV集成播控平台

125

2011年4月2日，浙江卫视原创大型励志圆梦公益节目《中国梦想秀》开播。

125图一　《中国梦想秀》节目录制现场

2012年7月13日，浙江卫视开播大型励志专业音乐评论节目《中国好声音》。

125图二　《中国好声音》开播

126 2011年7月2日晚，《小强热线》栏目卫星连线采访吴菊萍

126

2011年7月2日，"最美妈妈"吴菊萍奋不顾身用双手接住坠楼孩子，挽救生命。媒体纷纷报道宣传吴菊萍的大爱之举。此后，涌现出了孔胜东、吴斌等一大批"最美浙江人"。浙江大地的"最美现象"从"盆景"到"风景"，升华为全社会的风尚。

127

浙江广播电视集团连续9年入选"中国500最具价值品牌"，在传媒品牌序列中，位居全国第五、省级第二、浙江第一；连续3年荣膺"亚洲广播电视十大品牌"，排名亚洲第五、中国大陆前三。

127图一 中国500最具价值品牌证书

127图二 世界品牌大会颁奖现场

☆ "浙江广播电视 70 年成就展"第三展区部分展厅场景

☆ "浙江广播电视 70 年成就展"第三展区部分展厅场景

☆ 各界观众参观第三展区

LIBRA LIVE调音台

PINNACLE DVEXTREME数字特技机

☆第三展区陈列的广播电视设备

Soundcraft B100调音台

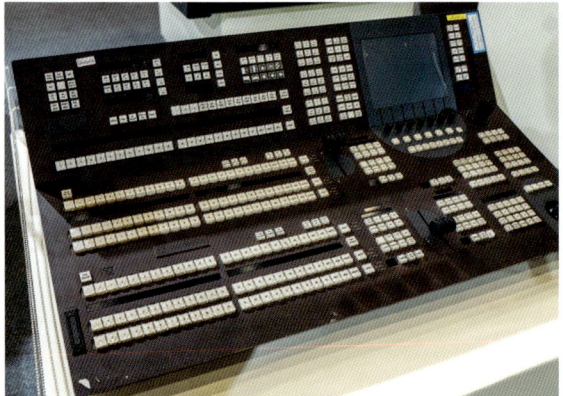

THOMSON 9300数字切换台

SONY BVE-2000编辑控制器、SONY 监视器

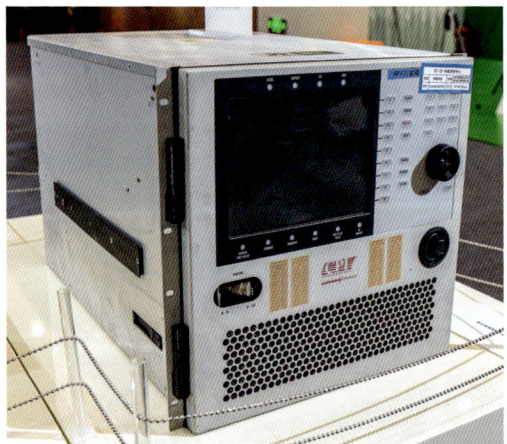

龙井卫星地球站2005年启用的卫星3千瓦速调管高功放

PIONEER CD机

DVW-A500P 录像机

AJ-D930 录像机

STUDER A-820 24轨模拟音频录音机

☆第三展区陈列的广播电视设备

SONY 8轨 录音机

Ikegami TM14-17RPA监视器

TASCAM 122mk Ⅲ卡座

MAV-555A 硬盘录像机

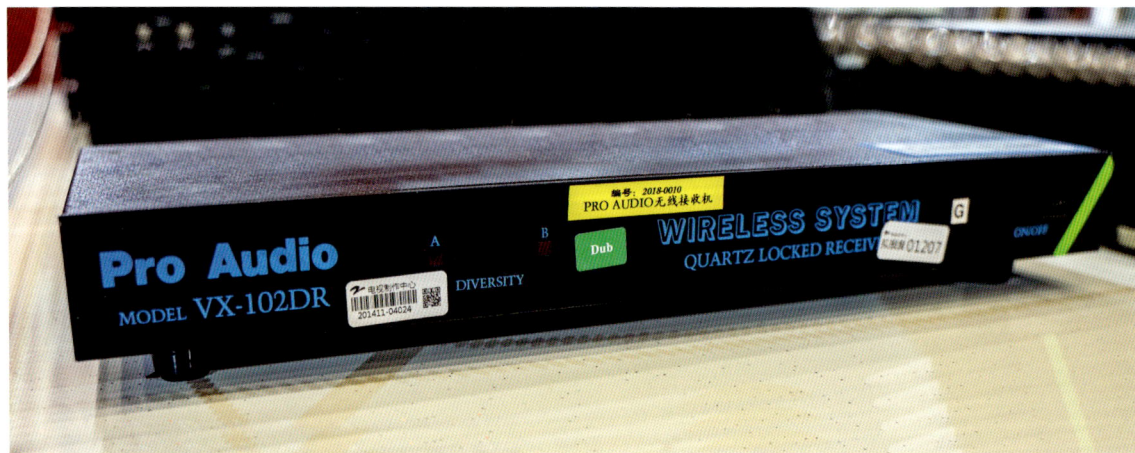
PRO AUDIO无线话筒接收机

第四展区：百舸争流

　　1983 年，中央提出"四级办广播电视"方针，浙江各市、县（市、区）相继建立电台、电视台，我省广电事业千帆竞渡、百舸争流，实现前所未有的快速发展。伴随着改革开放持续深化和传播技术日新月异，浙江广播电视队伍建设不断强化，技术装备日益完善，制作水平持续提升，内容和节目形态空前丰富。进入 21 世纪后，我省广播电视系统立足自身实际，紧扣发展要务，先后推进"三台合并、局台合一""两台合并、局台分设"等一系列重大改革，有效推动了广播电视大繁荣大发展。作为意识形态主阵地、文化建设主力军，市、县（市、区）广播电视台在服务各地政治、经济、社会和文化发展中发挥了不可替代的重要作用。

杭州文化广播电视集团及杭州市下属区县（市）广播电视台展位

杭州文化广播电视集团概况

杭州文化广播电视集团成立于 2005 年，是以杭州人民广播电台和杭州电视台为主体，集广播电视、文化演艺、相关产业及其他服务于一体的综合性现代文化传媒集团，在全国同类城市中成立最早。

1984 年 1 月 31 日，杭州电视台正式建台开播。

集团实行党委领导下的管委会和编委会分工负责制，拥有 700 人的采编队伍和 100 多人的主持播音队伍，形成 6 个电视频道、5 个广播频率、1 张报纸、1 个网络广播电视台、1 个融媒体中心及公交移动电视、楼视传媒的总体格局。

集团实施品牌带动战略，《杭州新闻联播》《连线快评》《我们圆桌会》《民情观察室》《生活大参考》《亲民尚和图》《名师公开课》《我的汽车有话说》等一批品牌栏目深受群众喜爱，《阿六头说新闻》《我和你说》等品牌栏目，收视位居杭城前列。近 5 年来，集团荣获中国新闻奖、中国广播影视大奖等 21 项国家级奖项、266 项省级奖项。

集团积极推进广电传媒与新兴媒体深度融合，已建成融媒体中心和"中央厨房"，形成"一次采集、多种产品、多媒体传播"的总体工作格局。打造杭州首席视频新闻客户端"杭州之家"App，累计用户超过 50 万。目前拥有各类新媒体发布平台 113 个，交通 91.8 微博、微信公众号粉丝超过 320 万，入选全国"2015 年广电媒体融合发展创新榜"。

杭州市下属区县（市）广播电视台：

萧山区广播电视台

余杭区广播电视台

富阳区广播电视台

临安区广播电视台

桐庐县广播电视台

淳安县广播电视台

建德市广播电视台

宁波广播电视集团及宁波市下属区县（市）广播电视台展位

宁波广播电视集团概况

宁波广播电视集团成立于 2003 年 3 月。2018 年 12 月，宁波广电传媒集团有限公司挂牌成立，实行党委会领导下的管委会、编委会、董事会分工负责制。目前，集团内设机构 26 个，其中，新闻中心和频道频率机构 12 个、综合管理机构 10 个、技术服务和外联保障机构 4 个、下属企事业单位 13 个。共有员工 1315 人。

近年来，集团紧紧围绕宁波市工作大局，以"出作品、出人才、出效益"为目标，突出深化媒体改革主线，努力做大宣传，做强产业，做优队伍。

新闻舆论宣传方面，100 多件广播、电视作品荣获全国性大奖，200 多件作品获省级政府奖一等奖。其中，广播剧《你的飞翔我的梦》获 2014 年全国"五个一工程"奖，实现五连冠。2016—2018 年连续三年获中国新闻奖一等奖。央广发稿量名列全省市级台前茅。

2014 年以来集团坚持移动优先，加快推进融媒发展，推出"宁聚"新闻客户端，建设"中央厨房—融媒体云平台"一期并投入使用。2018 年，投资近 19 亿元建设宁波广电融媒体科技创新大厦项目。

产业转型拓展方面，集团一手抓广告经营创收，一手抓"广电＋"产业多元发展。2017 年开始加大股权投资，进军文化产业资本运作领域。2014 到 2018 年，集团总资产从 22.8 亿元增加到 28.38 亿元，较好实现国有资产保值增值。

人才队伍建设方面，集团现有 4 人获国务院特殊津贴、多人被评为中宣部"四个一批"人才，获长江韬奋奖、金话筒奖及浙江飘萍奖。

宁波市下属区县（市）广播电视台：

镇海区广播电视台

北仑区广播电视中心

鄞州区广播电视台

奉化区广播电视台

余姚市广播电视台

慈溪市广播电视台

宁海县广播电视台

象山县广播电视台

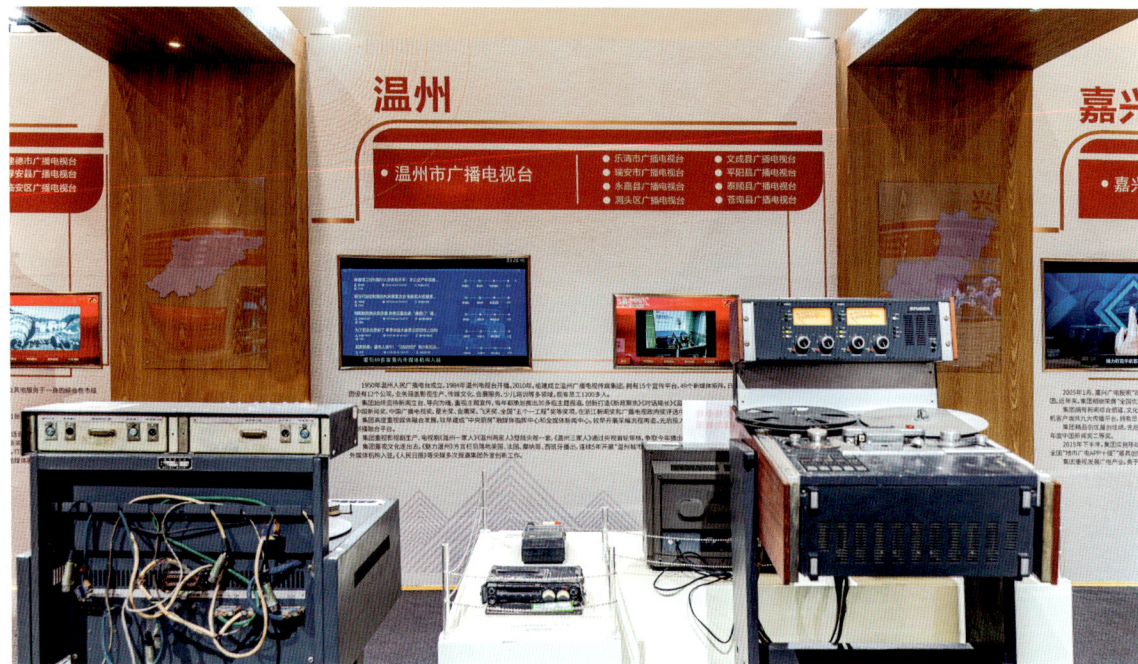

温州市广播电视台及温州市下属县（市、区）广播电视台展位

温州市广播电视台概况

1950 年，温州人民广播电台成立。1984 年，温州电视台开播。2010 年，组建成立温州广播电视传媒集团，拥有 15 个宣传平台，49 个新媒体矩阵，日均点击阅读量超过 1000 万。集团设有 12 个公司，业务涵盖影视生产、传媒文化、会展服务、少儿培训等多领域。现有员工 1200 多人。

集团始终坚持新闻立台、导向为魂，重视主题宣传，每年都策划推出 30 多组主题报道，创新打造《新政聚焦》《对话局长》《温广新闻调查》等多个全省舆论监督名专栏，先后获得中国新闻奖、中国广播电视奖、星光奖、金鹰奖、飞天奖、全国"五个一工程"奖等奖项，在浙江新闻奖和省级政府奖评选中，获奖总量稳居全省前三。

集团高度重视媒体融合发展，较早建成"中央厨房"融媒体指挥中心和全媒体新闻中心，较早开展采编流程再造。先后投入 2 亿多元，初步建成基于高清化、网络化的节目生产制播融合平台。

集团重视影视剧生产。电视剧《温州一家人》《温州两家人》登陆央视一套，《温州三家人》也已摄制完成。被省委领导誉为"系列精品剧生产的温州现象"。

集团重视文化走出去，《魅力温州》方言栏目落地美国、法国、摩纳哥、西班牙等国，连续 5 年开展"温州城市形象海外推广工程"。温州新闻文化信息共享平台吸引共 67 家海内外媒体机构入驻，《人民日报》等央媒多次报道集团外宣创新工作。

温州市下属县（市、区）广播电视台：

洞头区广播电视台

瑞安市广播电视台

乐清市广播电视台

永嘉县广播电视台

平阳县广播电视台

苍南县广播电视台

文成县广播电视台

泰顺县广播电视台

绍兴市广播电视台及绍兴市下属县（市、区）广播电视台展位

绍兴市广播电视台概况

绍兴电视台于 1985 年正式开播。绍兴人民广播电台于 1986 年开播。绍兴市广播电视台拥有新闻综合、公共、文化影视 3 个电视频道，新闻综合、交通、戏曲 3 个广播频率，1 份广播电视报和 1 家网络广播电视台。2014 年 11 月，绍兴广播电视传媒集团有限公司挂牌成立，形成事业和产业有序运营、协同增效的发展格局。集团先后荣获浙江省文明单位、全国广播电影电视系统先进集体等荣誉称号。

绍兴市广播电视台坚持"本土化、差异化、正能量"，《绍兴新闻联播》《绍广早新闻》《今日焦点》《师爷说新闻》等品牌栏目常办常新。《行风热线》是全国最早一批民生热线类广播节目，《小兰花》为青少年健康成长提供精神食粮。历年来，共有 300 多件作品荣获省级以上政府奖。

绍兴台坚持推进媒体融合，按照"统分结合、虚实结合"原则，组建全媒体新闻中心和融媒体中心，与高等院校合作开展全媒人才培养计划。2018 年在国家广电智库发布的全国城市广播电台微信传播榜中，绍兴广播跻身十强。

绍兴台坚持多元拓展，积极拓展政务资源，主攻会展产业。此外，剥离经营性资产，引进民营资本，注册成立 12 家公司，涉足教育培训、休闲旅游、智慧城市等领域。2018 年，绍兴广电报与宁波广电报合资合作，成为全国广电报业转型样板。

2019 年 4 月，绍兴市广播电视台和绍兴日报社整合，组建成立绍兴市新闻传媒中心，在全省率先实施市级媒体改革。

绍兴市下属县（市、区）广播电视台：

柯桥区广播电视台

上虞区广播电视台

诸暨市广播电视台

嵊州市广播电视台

新昌县广播电视台

湖州市广播电视台及湖州市下属县（市、区）广播电视台展位

湖州市广播电视台概况

湖州市广播电视台成立于 2005 年 3 月，在原湖州市广电局、湖州人民广播电台、湖州电视台的基础上组建而成，是湖州市委、市政府直属事业单位。2009 年 10 月，组建成立湖州广播电视传媒集团，构建广播电视台与产业经营集团两大体系，分别履行新闻宣传和产业发展两大中心功能。

集团现有新闻综合、都市文艺、交通经济 3 个广播频率和新闻综合、文化娱乐、公共频道 3 个电视频道，拥有湖州广播电视报、传媒湖州网、广电艺术团和"爱湖州"手机客户端，是集广播、电视、报纸、网站、艺术团和新媒体于一体的综合性传媒，共有在职员工 690 人。

集团高度重视品牌建设，先后创办《湖州新闻联播》《关注》《美丽乡村》《民声大线场》等一批具有本土特色的广播电视品牌节目栏目。建台至今，多次获中国新闻奖、浙江新闻奖、省级政府奖等各类奖项。

近年来，集团坚持移动优先战略，以融媒体指挥中心和全媒体新闻集散中心为平台，通过有效资源整合和流程再造，努力构建"广播新媒体首发、全媒体跟进、融媒体传播"的运行模式，全力打造"一核五翼三集群"新型主流媒体集团。

湖州市下属县（市、区）广播电视台：

德清县广播电视台

长兴县广播电视台

安吉县广播电视台

嘉兴市广播电视台及嘉兴市下属县（市、区）广播电视台展位

嘉兴市广播电视台概况

2005年1月，嘉兴广电按照"政事分开、管办分离"原则，在整合嘉兴电台、嘉兴电视台的基础上组建成立嘉兴市广播电视台。2009年12月，正式组建成立嘉兴市广播电视集团。近年来，集团相继荣膺"全国优秀电视台""中国十大影响力城市电视台""年度最具综合实力城市台"等荣誉。

集团拥有新闻综合频道、文化影视频道和公共城市频道3个电视频道，新闻综合频率、交通经济频率和城郊对农频率3个广播频率，以及《嘉兴广电报》、嘉兴人网、"禾点点"手机客户端共九大传播平台，拥有员工489人。

集团精品创优屡创佳绩，先后涌现出《嘉兴新闻》《小新说事》《今朝多看点》《阿秀嫂的家常话》等常青品牌节目，累计获得省级一等奖以上奖项106件，其中《新闻60分》获2006年度中国新闻奖二等奖（电视新闻节目编排）。

2015年下半年，集团实施移动优先策略，成立全媒体新闻中心。全力打造手机客户端"禾点点"，目前下载总数突破70万，已成为本地有影响力的新闻客户端，获得2018年度全国"地市广电App十强""最具创新传播力奖"等荣誉。全媒体传播格局基本形成。

集团重视发展广电产业，勇于开拓市场。逐渐培育形成了园区产业、"广电网络＋"信息化产业、少儿培训、视频服务等关联产业构成的崭新发展格局。

嘉兴市下属县（市、区）广播电视台：

嘉善县广播电视台

平湖市广播电视台

海盐县广播电视台

海宁市广播电视台

桐乡市广播电视台

金华市广播电视台及金华市下属县（市、区）广播电视台展位

金华市广播电视台概况

金华市广播电视台拥有3个电视频道、4个广播频率、1张报纸、1个综合门户网站和7家全资或控股公司。创办《金华新闻联播》《市民问政》《小马开讲》《百姓零距离》《行风热线》《金广早新闻》等一批有影响力的品牌栏目。多次荣获中国新闻奖、浙江新闻奖、省级政府奖等各类奖项，以及"中国创新区域电视媒体十强""中国品牌传播力十大创新传媒机构"等国家级荣誉称号。

2018年1月，金华广电建成具备线索汇聚、指挥调度、跨媒体平台发布等功能的融媒体"中央厨房"。整合新闻综合频道、广众网、"无限金华"客户端等平台成立融媒体中心，以"一体两制、一体两翼"架构展开实体化运营，并以此为核心圈，融电视民生频道集群、广播电台、广电报为紧密圈，县（市）台、五区新闻传媒中心、部门发布等为协作圈，实现"三圈环流、台网一体、协同联动"。

为拓展广电产业，实现可持续发展，2009年5月，投资成立金华广播电视集团有限公司，属"台属、台控、台管"的国有文化企业，经营广电传统产业和关联产业。目前集团公司共有广电通讯工程、网络技术、影视文化传播、旅游、艺术培训等5家全资子公司和2家投资参股公司。

金华市下属县（市、区）广播电视台：

兰溪市广播电视台

东阳市广播电视台

义乌市广播电视台

永康市广播电视台

浦江县广播电视台

武义县广播电视台

磐安县广播电视台

衢州市广播电视台及衢州市下属县（市、区）广播电视台展位

衢州市广播电视台概况

衢州广电事业从 1955 年 12 月筹建的衢县有线广播站起步。1967 年，衢县人民广播站成立。1979 年 10 月，衢县电视差转台建成。1986 年，衢州人民广播电台和衢州电视台成立。2005 年 8 月，衢州电视台与衢州人民广播电台、衢州广播电视报等合并，成立衢州市广播电视台。2014 年 10 月，衢州广电传媒集团成立。

衢州广电传媒集团是目前浙西地区最有影响力的广播电视主流媒体，共有员工 456 人，设有 8 个管理机构，10 个业务机构，拥有"五台一网一报"和"两微一端"，分别是 2 个广播频率：新闻综合频率、交通音乐频率；3 个电视频道：新闻综合频道、公共频道、经济信息频道；还拥有衢州传媒网、衢州广播电视报和"衢州广电传媒"微信公众号、"衢州广电传媒"新浪微博、"无线衢州"手机客户端。其中，《衢州广播电视报》年发行量近 2 万份，《衢州传媒网》日点击率 4 万多人次。

集团先后推出《衢州新闻联播》《请人民阅卷》《衢广新闻》《小路·有话说》《佳佳农话》《法治衢州》《浙西先锋》《行风效能热线》等一批具有广泛影响力的品牌节目栏目。作品《金华布商受困龙游》获 1998 年中国新闻奖一等奖。

衢州市下属县（市、区）广播电视台：

衢江区广播电视台

龙游县广播电视台

江山市广播电视台

常山县广播电视台

开化县广播电视台

台州市广播电视台及台州市下属县（市、区）广播电视台展位

台州市广播电视台概况

台州市广电事业起步于 20 世纪 80 年代。1983 年元旦，台州地区电视调频转播台建成。1993 年 1 月，台州电视台正式开播。1999 年，台州人民广播电台在椒江电台的基础上建立，9 月正式开播。

2005 年 5 月，由原台州电视台、台州人民广播电台合并组建成立台州市广播电视台。2013 年 12 月，台州广播电影电视集团成立。目前，共有员工 900 多人，下设新闻综合、文化生活和公共 3 个电视频道，综合、交通、音乐 3 个广播频率，2 个独立核算的事业单位和 8 家下属公司。

台州市广播电视台拥有《台州新闻》《台州晨报》《台州深观察》《财经新观察》等为代表的新闻节目，以《山海经》《阿福讲白搭》《老娘舅讲案》等为代表的乡土节目，以《唐诗来了》《朗读台州》《文艺现场》等为代表的文化节目，连续四年获中国新闻奖、中国广播影视大奖等国家级奖项。参与投资创作拍摄的电视连续剧《海之门》获中宣部"五个一工程"奖。

台州广电积极推进实施全台深度融合战略、区域广电媒体融合一体化战略、融媒客户端"三网三屏"战略，致力于打造区域创新型主流媒体。自主开发的新媒体客户端"无限台州"下载用户超过 120 万，初步成为台州区域综合门户型新媒体。

台州市下属县（市、区）广播电视台：

黄岩区广播电视台

临海市广播电视台

温岭市广播电视台

玉环市广播电视台

天台县广播电视台

仙居县广播电视台

三门县广播电视台

丽水市广播电视台及丽水市下属县（市、区）广播电视台展位

丽水市广播电视台概况

丽水市广播电视台成立于 2006 年 10 月，由原丽水人民广播电台和丽水电视台合并组建而成，是一家集广播、电视、报纸、网站于一体，具有节目制作、传输、发射等功能的综合性传媒机构。拥有新闻综合、公共、文化休闲 3 个电视频道，综合、交通音乐、新农村 3 个广播频率，另有丽水广播电视报社、丽水在线网站、融媒体中心、影视制作文化活动部，现有员工 340 人。

丽水市广播电视台拥有一批立足丽水、贴近百姓、贴近生活的本土化品牌节目栏目，《丽水新闻》《每日聚焦》《瓯江报道》《老白谈天》《丽广新闻》《百姓热线》等获得丽水观众和听众的普遍认可，多部作品获国家级、省级奖项。其中，《发生在缙云擦鞋匠身边的故事》荣获 2003 年度中国广播电视新闻奖三等奖，《好日子》荣获 2004 年度浙江省对外传播"金鸽奖"一等奖。

丽水市下属县（市、区）广播电视台：

龙泉市广播电视台

青田县广播电视台

缙云县广播电视台

遂昌县广播电视台

松阳县广播电视台

云和县广播电视台

庆元县广播电视台

景宁畲族自治县广播电视台

舟山广播电视台及舟山市下属县（市、区）广播电视台展位

舟山市广播电视台概况

舟山人民广播电台成立于1956年，是我国第一座为渔民服务的地区级广播电台。2003年，舟山人民广播电台和舟山电视台合并成立舟山市广播电视台，下设新闻综合、交通经济、文艺频率3套广播频率，新闻综合频道、公共频道2个电视频道，共有员工350人。

目前，舟山市广播电视台拥有最具影响力的栏目《舟广新闻》《阳光热线》《舟山新闻》《汪大姐来了》等和"无限舟山"App，以及品牌主持人汪明儿等40多位爱岗敬业、活力四射的主持人队伍。

多年来，舟山市广播电视台紧紧围绕舟山市委、市政府中心工作，出色完成各项宣传任务，为新区经济、社会、文化发展营造了良好舆论氛围。广播电视创优成绩喜人，共有《江海直达1号成功通过南京长江大桥开启江海联运新时代》《直击中国首艘2万吨级江海直达船首航》《新区与新区的对话》《"通江达海"大型新闻行动》《播撒和平的"生命之舟"》《英姿飒爽亚丁湾》《东极石见证中英战火情》《波音公司首个海外工厂落户》《我忘不了非洲病人的眼睛》《里斯本丸档案》《跨越》等30多件作品，荣获浙江新闻奖和省级政府奖一等奖。

舟山市下属县（市、区）广播电视台：

普陀区广播电视台

岱山县广播电视台

嵊泗县广播电视台

☆ "浙江广播电视 70 年成就展"第四展区部分展厅场景

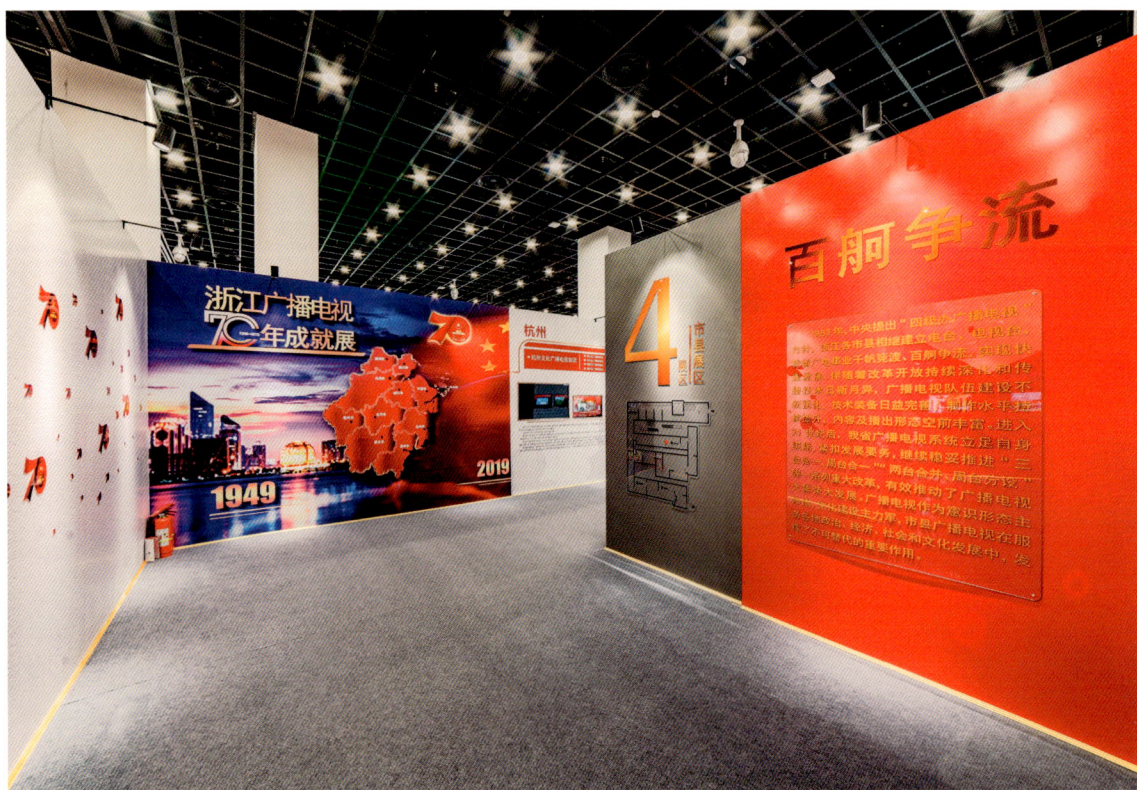

☆ 位于第四展区的全省广播电视主持人形象墙和获奖作品荣誉墙

☆各界观众参观第四展区

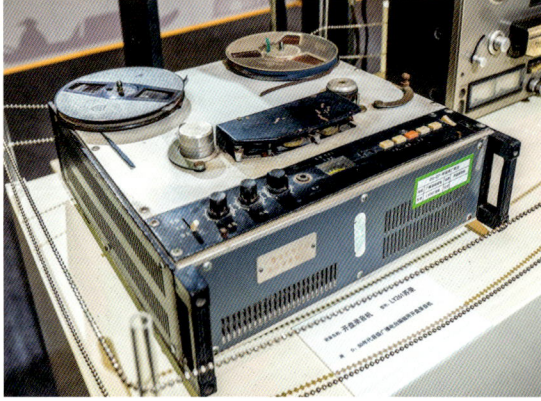

LY261 苏录开盘录音机（平湖台）

广播磁带录放机（建德台）

PR99录音机（宁波台）

LH-1 葵花牌盒式磁带录音机（平湖台）

STUDER 961调音台（宁波台）

LY-637 开盘录音机（绍兴台）

3-CCD KY27摄像机（萧山台）

AQ-11MC摄像机（宁波台）

TEAC-X300磁带录音机（余杭台）

BVU-800P广播级录像机（宁波台）

有线广播放大器（平湖台）

BR系列录像机S800E（临安台）

DCH-10电视差频转发机（富阳台）

SONY TC-D5采访录音机（绍兴台）

TASCAM 202mkIV双卡座录音机（淳安台）

小微波（宁波台）

农村有线广播喇叭（松阳台）

JVC BR-S420CE 分体式摄像机（湖州台）

CRK-2000P+AV-1450CE色键器+字幕摄像机
（宁波台）

JVC GX-88E手持式摄像机（金华台）

DXC-1800P三枪电子管摄像机（宁波台）

左起：SONY VO-6800PS磁带录像机、Ikegami
Digital Unicam HL-59(加装取景器）摄像机
（杭州台）

Ikegami Betacam SP HC-390摄像机（杭州台）

☆第四展区陈列的广播电视设备

Z31A摄像机（黄岩台）

西湖牌黑白电视机（木壳）（建德台）

NC4000字幕机（磐安台）

VO-2630录像机（宁波台）

UVW-1800P录像机（萧山台）

SONY字幕机（宁波台）

第五展区：潮涌新时代

（2012—2019年）

　　党的十八大以来，作为"三个地"主流媒体，全省广电系统高举习近平新时代中国特色社会主义思想伟大旗帜，不忘初心，牢记使命，深入贯彻落实中央和浙江省委关于新时代宣传思想工作、主流舆论阵地建设与推动媒体融合发展的一系列重大决策部署，"干在实处、走在前列、勇立潮头"，紧紧围绕"做强舆论引导主平台、当好媒体融合主引擎、建设文化服务主窗口、锻造宣传思想主力军"的总目标，不断创新践行新闻立台、文化强台、融合用台，各项事业风正帆悬、破浪奋进。尤其是浙江广播电视集团，多年来综合实力持续处在全媒体环境下的全国省级广电头部阵营。

70

1949—2019

128

2017 年 10 月，浙江广播电视集团推出 16 篇系列融媒报道《大地的回响》、18 篇系列专题报道《潮起钱江》，从习近平新时代中国特色社会主义思想在浙江的萌发脉络和探索实践入手，展示浙江"干在实处、走在前列、勇立潮头"的生动答卷，抒写习近平总书记根植大地、心系百姓、不忘初心的赤子情怀。

128图一 《大地的回响》节目片头

2017 年党的十九大召开前夕，中央电视台推出大型系列特别节目《还看今朝》，开篇之作"浙江篇"由央视和浙江卫视联手完成，于 9 月 16 日在央视新闻频道和浙江卫视同步直播。

128图二 《还看今朝》浙江篇

129

　　2017年11月以来，浙江广播电视集团创新推出电视理论节目《中国共产党为什么能》（一、二、三、四），同时制作播出《思想的田野》《乡村振兴大家谈》等节目，在全国引起广泛关注。

电视理论节目《中国共产党为什么能》

129图一　第一季《十九大精神面对面》

129图二　第二季《红船》

129图三　第三季《激荡》

129图四　第四季《浙江精神》

129图五　《思想的田野》节目片头

129图六　《乡村振兴战略大家谈》节目片头

130

2018年7月19日，中共浙江省委宣传部、浙江广播电视集团精心策划，浙江卫视担纲制作推出三集政论纪录片《"八八战略"15年》，浙江之声推出8篇系列综述《"八八战略"15年》，聚焦"八八战略"这一引领浙江发展的总纲领、推进浙江各项工作的总方略，集中展现习近平新时代中国特色社会主义思想在浙江的萌发脉络和生动实践，充分表达了浙江人民坚定不移沿着"八八战略"指引的路子走下去的坚定信念和坚强决心。

130图一　《"八八战略"15年》节目片头

130图二　《"八八战略"15年》（第二集 涅槃）

131

2013年12月30日，新组建的浙江省新闻出版广电局揭牌成立，提出了打造全国新闻出版广播影视"行业监管先行者、产业发展副中心、公共服务模范者"的三大目标。

131　新组建的浙江省新闻出版广电局揭牌仪式

132

2013年起，浙江连续7年举办"中国梦（浙江）网络视频"大赛，征集、评选出了一系列优秀作品，引领网络视频发展新风潮，传递正能量，弘扬中国梦。

132　2019中国梦（浙江）网络视频大赛

133图一　中国海影城"海上传奇"乐园民国街

133图二　中国海影城"海上传奇"乐园民国时期火车站场景

133

2013年9月，浙江广播电视集团与象山县人民政府共同投资成立浙江广电象山影视（基地）有限公司。2014年9月15日，中国海影城一、二期工程动工兴建。2017年7月，中国海影城一期"海上传奇"乐园开园运营。

133图三　中国海影城"海上传奇"乐园外景

134

2014年3月20日,浙江广播电视集团在浙江卫视创办建设性舆论监督栏目《今日聚焦》,得到国家生态环境部等充分肯定,并向全国推荐。

2015年9月7日,浙江卫视推出新闻评论节目《今日评说》。

134图一　《今日聚焦》海报

134图二　《今日聚焦》记者正在采访

134图三　《今日评说》片头

134图四　《今日评说》演播室场景

135

2014年6月18日，浙江新闻广播（FM98.8）开播。

135　浙江新闻广播（FM98.8）开播仪式

136

2014年10月10日，浙江卫视原创户外竞技类综艺节目《奔跑吧》开播。

136图一　《奔跑吧》

136图二　《奔跑吧》节目摄制现场

2016年1月29日,浙江卫视原创互动挑战类棚内综艺节目《王牌对王牌》开播。

136图三　《王牌对王牌》

136图四　《王牌对王牌》节目摄制现场

2017年10月28日，浙江卫视原创竞演励志综艺节目《我就是演员》开播。2018年11月，《我就是演员》节目模式向海外输出，成为首档落地欧美的中国原创节目。

136图五　《我就是演员》

136图六　《我就是演员》节目摄制现场

137

2014 年 11 月 18 日，为贯彻落实"一带一路"倡议，"义新欧"中欧班列开通，加强了中国东部沿海与中亚、欧洲地区的联系。浙江广播电视集团各频率、频道、新媒体作了及时充分报道。

137 "义新欧"中欧班列开通

138

2014 年 11 月 19 日，首届世界互联网大会在浙江乌镇举办，浙江广播电视集团共派出 130 多人的采编、技术团队全方位报道，充分展现世界互联网大会盛况。此后每年世界互联网大会，集团都精心策划，投入精兵强将，进行全程全媒体直播。

138 首届世界互联网大会现场

139

2015 年 7 月，浙江广播电视集团全视频新媒体平台"中国蓝 TV"上线。自此，集团拓展形成"一网三端"（新蓝网、中国蓝新闻、中国蓝 TV、喜欢听）的新媒体传播格局。

139 中国蓝TV上线一周年活动

140

2015 年 10 月 30 日，浙江省纪录片协会成立。

139　浙江省纪录片协会成立揭牌仪式

141

2015 年 12 月，浙江广播电视集团与腾讯公司签署战略协议，推进双方在资源协同、终端联动、品牌打造、产业链开发等领域深度合作。目前，集团已与中国三大通信运营商以及华为、新浪等众多新兴头部平台建立深度合作关系。

142图一　《浙江新闻联播》报道"最多跑一次"

142图二　《今日评说》报道"最多跑一次"

142

2016 年底，中共浙江省委、省政府提出"最多跑一次"改革，浙江广播电视集团各频率、频道、网站和报刊以专题专栏、系列评论、接力直播等形式，播发相关报道 300 余篇，为深入推进"最多跑一次"改革营造浓厚舆论氛围。

143

　　2016年9月1日起，浙江广播电视集团多时段直播、全媒体报道、全方位聚焦、深层次解读G20杭州峰会。浙江卫视打破常规编排，开辟多个时段的《直通G20杭州峰会》特别直播节目，总时长达到2000多分钟。

图143　浙江广播电视集团多路记者现场采访报道"G20杭州峰会"

144

　　2017年初，浙江广播电视集团提出着力打造以新型内容宣传体系、新型媒体融合平台、新型产业经营系统、新型人才支撑高地、新型组织管理架构、新型文化发展环境"六位一体"新型媒体集团的总体目标。

145图一　浙江国际影视中心全景

145

　　2017年1月11日，浙江文化建设的新地标——浙江国际影视中心落成。浙江广播电视集团下属的新蓝网、浙江广电新媒体有限公司、好易购、蓝巨星、中国蓝云平台等先后入驻。中心建有2500平方米、1200平方米等8个演播厅，先后录制了《王牌对王牌》《中国好声音》《我就是演员》等节目。

　　至此，集团共建成数字化电视演播厅28个。

145图二　浙江国际影视中心主入口

145图三　浙江国际影视中心2500平米方演播厅全景

146

2017年5月，首届"一带一路"国际合作高峰论坛在北京举行，浙江广播电视集团全方位整合媒体资源，多维度发挥广电优势，密集推出《"一带一路"新机遇》《"一带一路"浙江先行》《48小时融媒大直播》等系列报道和各类节目，排播《一本书一座城》(第2季)，《丝绸之路经济带》等专题纪录片，录制大型综艺《奔跑吧》捷克专场，为我省打造"一带一路"枢纽，当好"一带一路"建设排头兵，再启新一轮对外开放，营造浓厚氛围。

浙江广播电视集团还积极发挥新闻舆论优势，以省委、省政府主要领导率团出访为契机，通过宣传报道、节目摄制、举办境外"美丽浙江"电视展播及媒体合作签约活动等形式，积极参与和服务浙江"一带一路"建设。

146图一 《"一带一路"新机遇》系列报道

146图二 《"一带一路"浙江先行》

146图三 《丝绸之路经济带》

146图四 《奔跑吧》捷克专场

146图五　浙江卫视报道省代表团访问津巴布韦

2018年6月，时任中共浙江省委书记车俊率浙江省代表团出访津巴布韦等非洲3国。8月，浙江广播电视集团策划推出"浙江与非洲"对外合作传播品牌，选派摄制组远赴非洲，为津巴布韦摄制国家旅游推广宣传片，并在集团旗下各频道及新媒体客户端传播分发。

146图六　浙江卫视报道省政府代表团访问日本

2018年8月，时任中共浙江省委副书记、省长袁家军率团访问日本等国。12月，浙江广播电视集团派遣摄制组赴日摄制静冈旅游人文专题片，在浙江卫视等频道播出，进一步提升了浙江与静冈友好省县交流合作关系。

146图七　浙江广播电视集团获"2017年度浙江省十佳对外合作单位"殊荣

浙江广播电视集团创新做强"一带一路"国际传播，积极当好"一带一路"友谊使者，有效助力开放强省建设。2018年5月9日，浙江省对外开放大会在省人民大会堂隆重举行。浙江广播电视集团作为唯一的媒体单位，获"2017年度浙江省十佳对外合作单位"殊荣。

147

2017年7月，"中国蓝云"建成启用，完成对新蓝网、浙江IPTV、好易购以及广播电视相关内容资源的存、管、编、发全媒体部署，为集团和全省广电融合发展打造坚实的内容存储平台、技术应用平台和传播支撑平台。

2017年8月，为适应媒体融合趋势，集团实施技术部门机构改革，组建成立集团广播电视融媒体技术中心、广播电视制作中心、广播电视播出中心。

147 "中国蓝云"数据主控机房

148

2017年9月，浙江广播电视集团中国蓝融媒体中心建成启用，浙江卫视新闻中心、浙江之声新闻中心、新蓝网新闻中心，电视公共·新闻频道、广播新闻频率新媒体团队合署办公，积极探索新闻融合传播的常态化运行机制。

148 中国蓝融媒体中心

149

　　2018年1月，浙江广播电视集团打造的全省广电融合传播联盟"蓝媒号"上线，推动全省广电"内容共享、策划共谋、品牌共建"。截至开展前，已有87家县（市、区）广播电视台（融媒体中心）加盟，规划在2019年覆盖全省。同时，集团加速布局政务服务信息平台，全省已有110个政府职能部门链接蓝媒政务号聚合平台，具有集团自身特色的融合传播体系建设取得阶段性成果。

149　全省广电融合传播联盟"蓝媒号"上线

150

浙江广播电视集团积极推进融合传播,"中国蓝 TV"客户端用户数已达 5500 万,"中国蓝新闻"客户端下载量已突破 500 万,"喜欢听"下载量超 150 万。集团所属各媒体已拥有"两微一端"等各类新媒体产品达 230 多个,粉丝总量近 8000 万。广播浙江之声、交通之声、城市之声等官微进入全国电台头部阵营,电视"钱江视频""浙样红 TV""橙意视频""黄金眼融媒矩阵"等融媒品牌影响不断增大。卫视新闻中心"中国蓝新闻"公众号主题报道推文"10 万＋"已成常态,成为重大主题社交化传播的有效阵地。

150图一　浙江广播电视集团所属部分频道运营的新媒体客户端、公众号

150图二　浙江广播电视集团所属部分频道运营的新媒体客户端、公众号

151

2018年7月，浙江广播电视集团与丽水广播电视台合作建成丽水广电融媒体中心。

2018年9月，浙江广播电视集团与青田县广播电视台成为中宣部全国县级融媒体中心建设标准制定单位，合作建立县级融媒体中心。

151图一　丽水广电融媒体中心

151图二　青田传媒集团融媒体中心

2018 年以来，浙江广播电视集团积极发挥在全省县级融媒体中心建设中的主引擎作用，相继建成丽水、青田、临海、黄岩、余杭、泰顺、龙游、庆元、兰溪、武义、瑞安、婺城、金华、金东、玉环等 15 家融媒体中心，永嘉、开化、云和、龙泉、衢江、遂昌、德清、平湖、莲都、缙云、象山等 11 家正在建设中。

2018 年 9 月，中宣部在长兴传媒集团召开全国县级融媒体中心建设现场推进会。长兴传媒集团自 2011 年开始探索推动传统媒体和新兴媒体融合发展，为县级媒体融合积累了可资借鉴的成功经验。

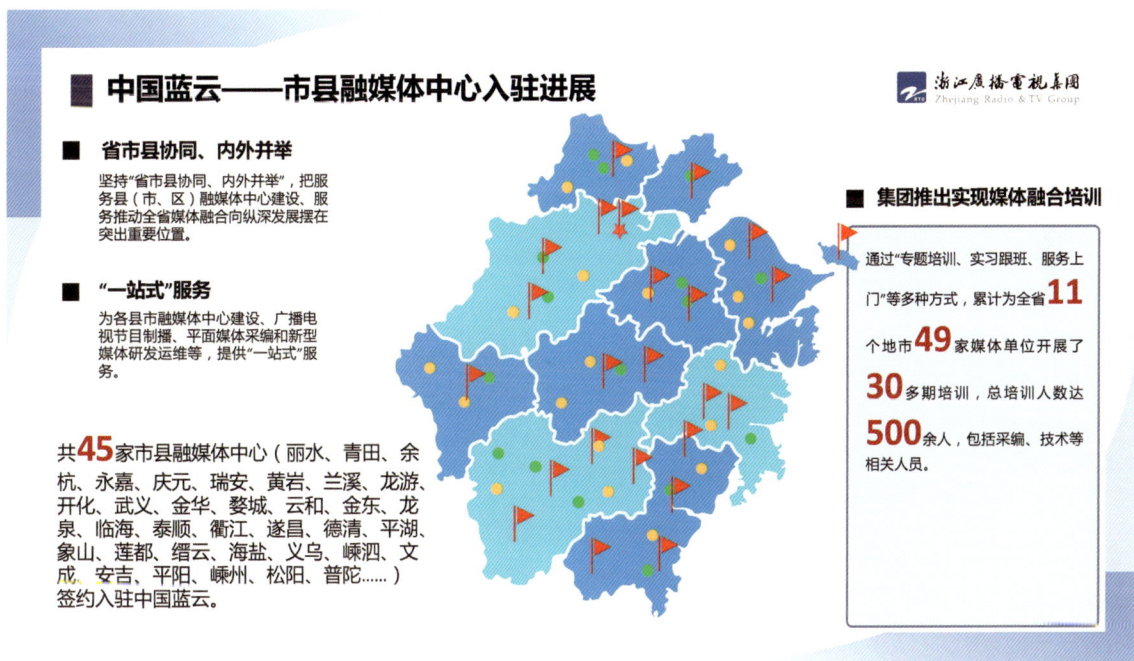

■ 中国蓝云——市县融媒体中心入驻进展

浙江广播电视集团
Zhejiang Radio & TV Group

■ 省市县协同、内外并举

坚持"省市县协同、内外并举"，把服务县（市、区）融媒体中心建设、服务推动全省媒体融合向纵深发展摆在突出重要位置。

■ "一站式"服务

为各县市融媒体中心建设、广播电视节目制播、平面媒体采编和新型媒体研发运维等，提供"一站式"服务。

共 **45** 家市县融媒体中心（丽水、青田、余杭、永嘉、庆元、瑞安、黄岩、兰溪、龙游、开化、武义、金华、婺城、云和、金东、龙泉、临海、泰顺、衢江、遂昌、德清、平湖、象山、莲都、缙云、海盐、义乌、嵊泗、文成、安吉、平阳、嵊州、松阳、普陀……）签约入驻中国蓝云。

■ 集团推出实现媒体融合培训

通过"专题培训、实习跟班、服务上门"等多种方式，累计为全省 **11** 个地市 **49** 家媒体单位开展了 **30** 多期培训，总培训人数达 **500** 余人，包括采编、技术等相关人员。

151图三　中国蓝云——市县融媒体中心入驻进展图

152

2017年,浙江广播电视集团启动"东西南北中"纪录片精品工程(《东向大海》《西泠印社》《南宋》《艺术:北纬30度》《中国村落》),共同构筑浙江广电文化品牌新高地。

东 系列纪录片《东向大海》,由浙江广播电视集团出品,分《瞰潮》《探海》《乘风》三集。

152图一 《东向大海》海报

西 系列纪录片《西泠印社》,由浙江广播电视集团出品,分《君子》《大师》《师父》《衣冠》《兄弟》《刀法》六集。

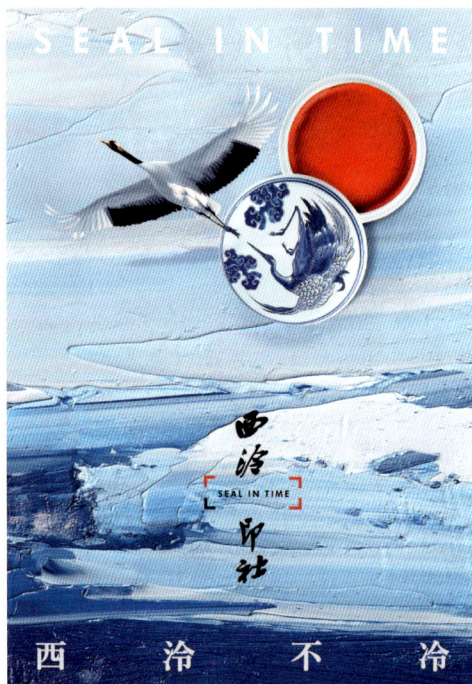

152图二 《西泠印社》海报

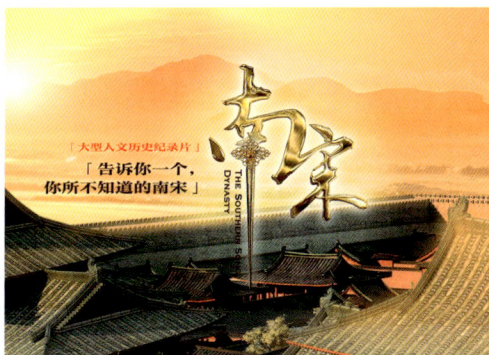

152图三　《南宋》海报

南 大型人文纪录片《南宋》，由浙江广播电视集团出品，分《遥望中原》《临安梦华》《诗词流域》《宋画江山》《戏文南北》《发明时代》《回望未来》七集。

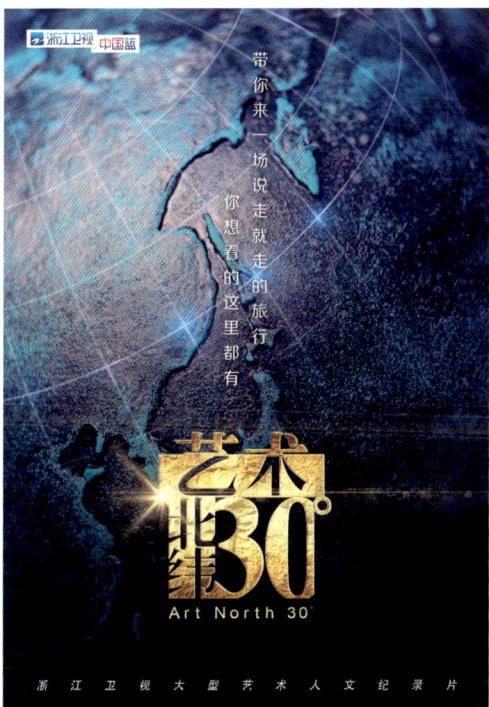

152图四　《艺术：北纬30℃》海报

北 大型人文纪录片《艺术：北纬30℃》，由浙江广播电视集团出品，分《中国·艺境生活》《印度·天人之际》《伊朗·守望文明》《墨西哥·日落之后》《以色列·光明永在》《美国·艺术面孔》《摩洛哥·记艺之墙》七集。

152图五　《中国村落》海报

中 大型人文纪录片《中国村落》，由浙江广播电视集团与中国美术学院联合出品，分《如画》《建构》《家传》《望乡》《忙闲》《田园》《再造》七集。

153

2017 至 2019 年，浙江广播电视集团精心主创了《呦呦青蒿》《真理的味道》等精品广播剧，并推出"最多跑一次"浙江省新闻微广播剧大赛，其中《呦呦青蒿》获中宣部"五个一工程"奖。

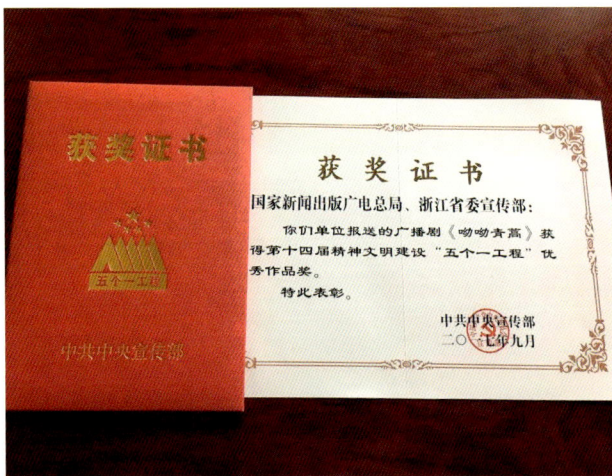

153　广播剧《呦呦青蒿》获"五个一工程"奖

154

2018 年 9 月 26 日，浙江省"千村示范、万村整治"工程被联合国授予"地球卫士奖"。浙江卫视、浙江之声进行报道。

154　浙江"千村示范、万村整治"工程获联合国"地球卫士奖"

155

　　2018 年 10 月 25 日，新组建的浙江省广播电视局正式挂牌，提出围绕高质量建设广播电视强省，推动浙江省广播电视工作继续走在全国第一方阵目标，聚焦巩固壮大主流思想舆论，聚焦广播电视、网络视听阵地建设和管理，聚焦高质量创新性发展，着力打造忠诚广电、智慧广电、实力广电、惠民广电和清廉广电，推动浙江省广播电视事业迈上新台阶。

155　新组建的浙江省广播电视局正式挂牌

156

为迎接第 19 届杭州亚运会，浙江广播电视集团投入 1 亿元建造的，具有全球领先水平的 32 讯道 4K/IP 高清转播车于 2018 年 11 月启用。

156 转播车集群——4K转播车内外景

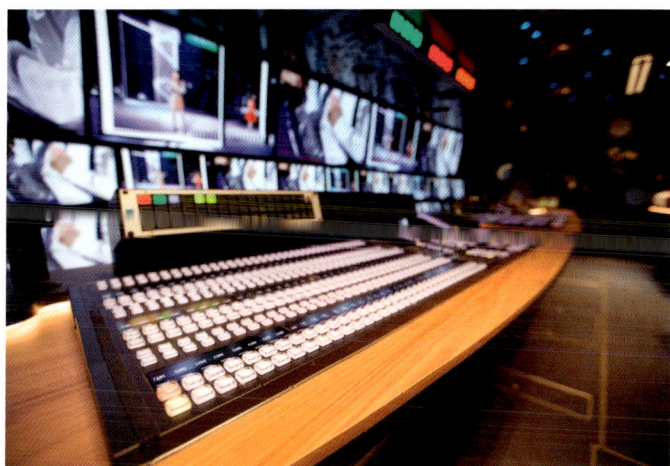

157

2019 年 8 月，全球领先的三维声音频车建成使用，与 4K 超高清转播车、IP 卫星车一起组成协同制作电视转播集群平台，实现 4K HDR/ 三维声节目全 IP 流程制作。

浙江广播电视集团共拥有国际一流、国内领先的高清电视转播车和各类卫星、音频转播车 16 辆。

157　转播车集群——三维声音频车内外景

158

2018年11月，由浙江广播电视集团、中国美术学院主办，集团总编室、钱江都市频道、浙江广播影视资源研究开发中心共同承办的"光影不惑——我们的40年"大型影像展在中国美术学院美术馆开展。

158　"光影不惑——我们的40年"大型影像展开幕式

159

2018年，在中共浙江省委宣传部指导下，浙江广播电视集团精心策划、推出一系列庆祝改革开放40年的广播电视主题报道。

浙江卫视摄制播出的三集专题片《弄潮——改革开放40年的浙江故事》，呈现40年来波澜壮阔的改革开放画卷。

浙江卫视与全省11市台联合摄制专题节目《激荡——改革开放40年的浙江实践》，采用理论对话节目的形式，展示浙江11市改革开放40年的发展历程、探索实践和经验启示。

159图一　《弄潮——改革开放40年的浙江故事》

159图二　《激荡——改革开放40年的浙江实践》

浙江之声围绕庆祝改革开放 40 周年策划推出了《激荡四十年——改革开放看浙江》，全方位挖掘浙江改革开放的发展脉络，形成了持续全年、影响广泛的报道热潮。

159图三　《激荡四十年——改革开放看浙江》采访南存辉

159图四　《激荡四十年——改革开放看浙江》采访宗庆后

160

浙江省广播影视和网络视听产业繁荣发展，截至 2019 年 8 月，全省广播电视节目制作经营单位已达到 3040 家，居全国第二位，其中上市公司 35 家，华策影视、华谊兄弟先后入选全国文化企业 30 强，2018 年浙江电视剧产量首次居全国各省（区、市）第一；浙江广播电视集团、华数集团规模效益居全国同类集团前列；全省培育建立横店影视产业试验区、中国（浙江）影视产业国际合作区、象山影视城等 30 多个影视基地；全省网络视听节目服务持证机构达 45 家，新媒体业务收入增长迅猛，内容创作日益活跃，数量质量持续提升，用户规模快速扩大，影响力与日俱增。

161

2019年1月2日，浙江启动"三服务"活动，全省各级领导干部下车间、进社区、走田塍，访农户、看项目、问民生，为改革发展加油鼓劲，为企业和群众排忧解难。浙江广播电视集团派出多路记者编辑，深入田间地头、工厂企业、千家万户，蹲点跟拍、全程记录、融合传播，生动反映各地"服务企业、服务群众、服务基层"的实践做法，为我省深入持续开展"三服务"，把"三服务"精准高效地落到企业、群众、基层急需处，营造了良好的舆论氛围。

161图一　浙江卫视《浙江新闻联播》"三服务"解难题报道

161图二　"中国蓝"新闻客户端记者采访舟山岱山石油基地

162

2019年1月26日，浙江卫视午间新闻栏目《正午播报》开播。

162　新闻栏目《正午播报》

163　2019 "我们的村晚"

163

2019 年 2 月 2 日，由中共浙江省委宣传部、浙江省文化和旅游厅、浙江广播电视集团共同主办，教育科技频道承办的 "我们的村晚" 在杭州市富阳区场口文化礼堂举行。该活动自

2015 年以来已成功举办五届，农民演、演农民、农民看，展现了我省农村文化建设丰硕成果，助力乡村振兴。

164图一　浙江卫视记者在松阳采访

164

2019 年 5 月，浙江广播电视集团推出 "百名记者主持走基层" 活动，组织各广播电视频道及网站记者、主持人走进丽水松阳，深入基层，融入百姓，进行集中蹲点采访，推出一系列融媒报道。

164图二　"百名记者主持走基层" 晚会现场

165

　　2019年6月，第三届戛纳电视节中国（杭州）国际影视内容高峰论坛（MIP China）在杭州举办。来自22个国家和地区170余家影视公司的320位代表参加论坛，3天活动共进行了919场一对一洽谈，现场达成合作意向166个。至此，MIP China在杭州已成功举办三届。

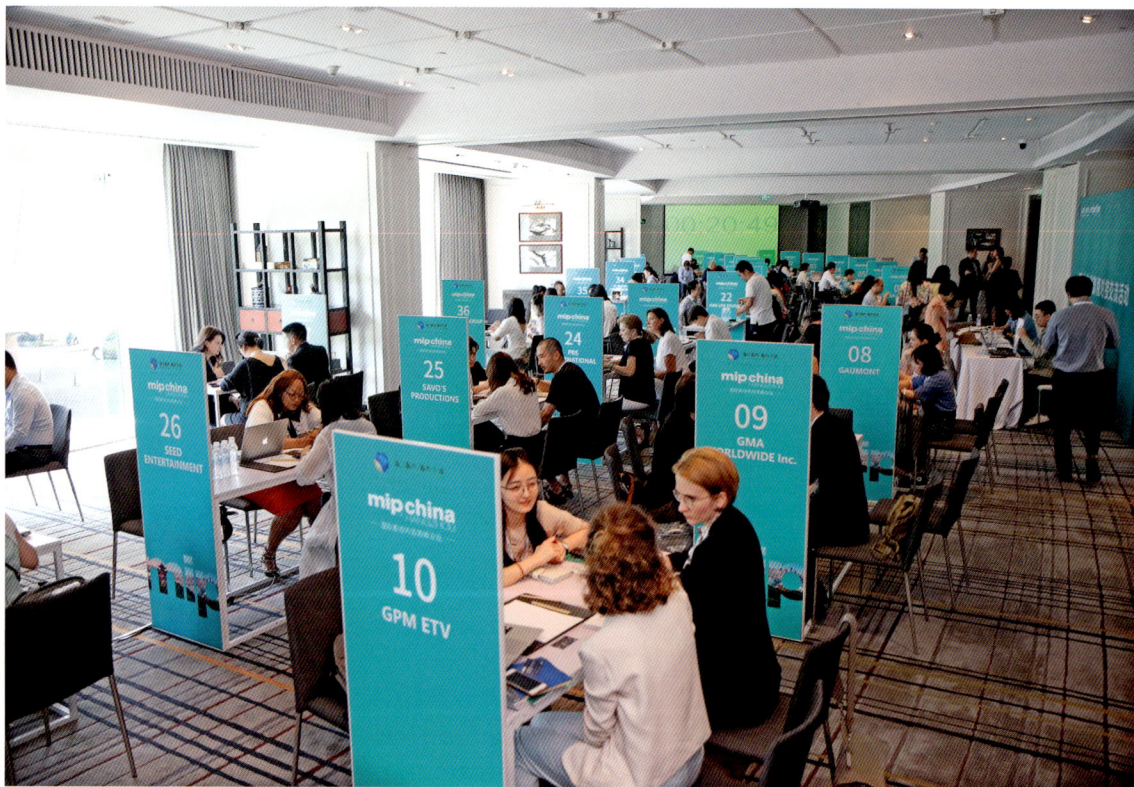

165　第三届戛纳电视节中国（杭州）国际影视内容高峰论坛（MIP China）在杭州举办

166

中国共产党浙江省委员会

　　浙江广电集团是我省宣传思想战线的重要阵地，一直以来紧紧围绕全省工作大局，大力传播浙江声音、讲好浙江故事，充分展示浙江改革发展生动实践，积极提供高质量的文化服务和精神产品，有力彰显了我省主流媒体的使命担当。值此70周年华诞之际，希望浙江广电集团自觉践行习近平总书记赋予浙江的新期望，守正创新、立破并举、担当作为，进一步做强舆论引导主平台、当好媒体融合主引擎、建设文化服务主窗口、锻造宣传思想主力军，为"八八战略"再深化、改革开放再出发营造良好舆论氛围、提供强大精神力量。

车俊

2019 年 2 月 18 日

　　2019 年 2 月，时任中共浙江省委书记、省人大常委会主任车俊对浙江广播电视集团工作作出重要批示：浙江广电集团是我省宣传思想战线的重要阵地，一直以来紧紧围绕全省工作大局，大力传播浙江声音、讲好浙江故事，充分展示浙江改革发展生动实践，积极提供高质量的文化服务和精神产品，有力彰显了我省主流媒体的使命担当。值此70周年华诞之际，希望浙江广电集团自觉践行习近平总书记赋予浙江的新期望，守正创新、立破并举、担当作为，进一步做强舆论引导主平台、当好媒体融合主引擎、建设文化服务主窗口、锻造宣传思想主力军，为"八八战略"再深化、改革开放再出发营造良好舆论氛围、提供强大精神力量。

☆各界观众参观第五展区

SENNHEISER SKM5200手持话筒

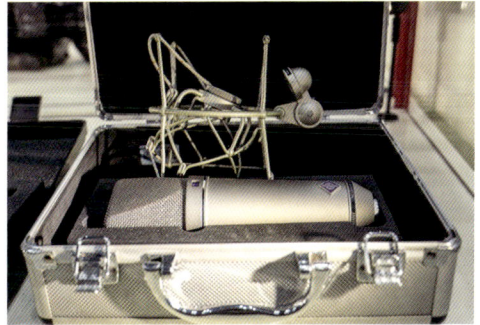

Neumann U87电容大振膜录音话筒

SHURE DMK57-52，包含52/1，57/3套件，动圈式鼓用麦克风套装

SHURE SUPER55豪华人声话筒

☆第五展区陈列的广播电视设备

SONY HDW-F900R磁带高清摄像机　　　　SONY PXW-FS7数字电影摄影机

SONY PMW-F55数字电影摄影机

ATOMOS监视记录仪

PANASONIC AG-HPX260MC小高清摄录一体机

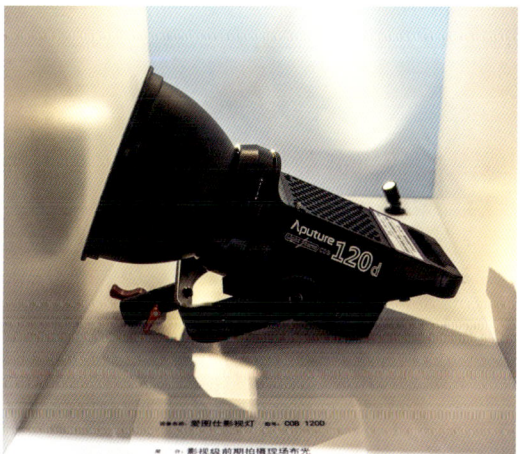

APUTURE COB 120D影视灯

"浙江广播电视70年成就展"
结　语

壮阔东方潮，奋进新时代。

浙江全省广播电视队伍将始终坚持以习近平新时代中国特色社会主义思想为指引，持续深化"不忘初心、牢记使命"主题教育和"四力"教育实践工作，守正创新、立破并举、担当作为，积极开创全省广播电视高质量发展新局面，秉持浙江精神，干在实处、走在前列、勇立潮头，为推动"八八战略"再深化、改革开放再出发，加快浙江"两个高水平"建设，努力作出新的更大贡献。

致　谢

岁月铸就辉煌，历史昭示未来。

"浙江广播电视 70 年成就展"成功落幕了，《辉煌岁月——浙江广播电视 70 年成就展》一书也终于与广大读者见面。回望整个办展与书籍编辑出版过程，我们得到了中共浙江省委宣传部的悉心指导，得到了全省广电系统和其他相关部门与单位的大力支持。在此，我们表示衷心感谢！

展览与本书涉及的音视频、图文及实物较多，主要来自浙江广播影视资源中心、浙江广播电视集团各技术部门和全省 11 市 66 县（市、区）广电机构提供的档案资料和历史文物。省内许多老一代广电人热情满满，也无私贡献了他们珍藏多年的部分音响视频、图文及实物资料。在本书编纂过程中，我们本着向历史高度负责的态度，对书中涉及的诸多内容再次进行了逐一梳理，查阅大量史料，与有关部门和单位反复联系求证，多次赴档案馆、图书馆进行史料核实，辗转寻访相关事件中的老同志特别是"老广电"，请他们完善补充、审阅校正，还对部分内容进行了视频或图片补拍，力求记述既准确又丰富。本书编纂，先后共经历了十一次审稿会，对所有篇章结构、内容文字、视频图片、美工装帧等逐项反复把关，力求少留遗憾。为此，全体编写人员夙兴夜寐，付出了极大的心血。同时，因受限于篇幅，对于展览和本书中许多音视频、实物、史料及照片的提供者，我们也难以一一备注说明，只能在此一并致谢！

浙江广电事业发展 70 年，波澜壮阔，硕果累累。此次展览的举办与书籍的出版，也只是撷取了 70 年大河奔流中的一些片段、部分浪花，未尽之处，希能听到您的宝贵意见和建议。

☆留言

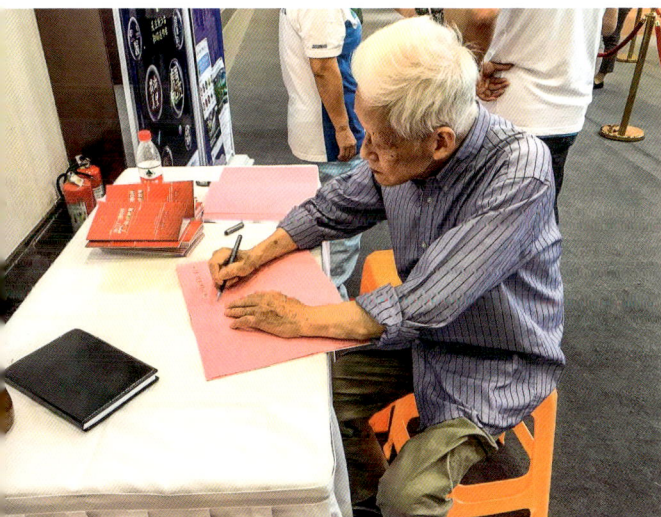

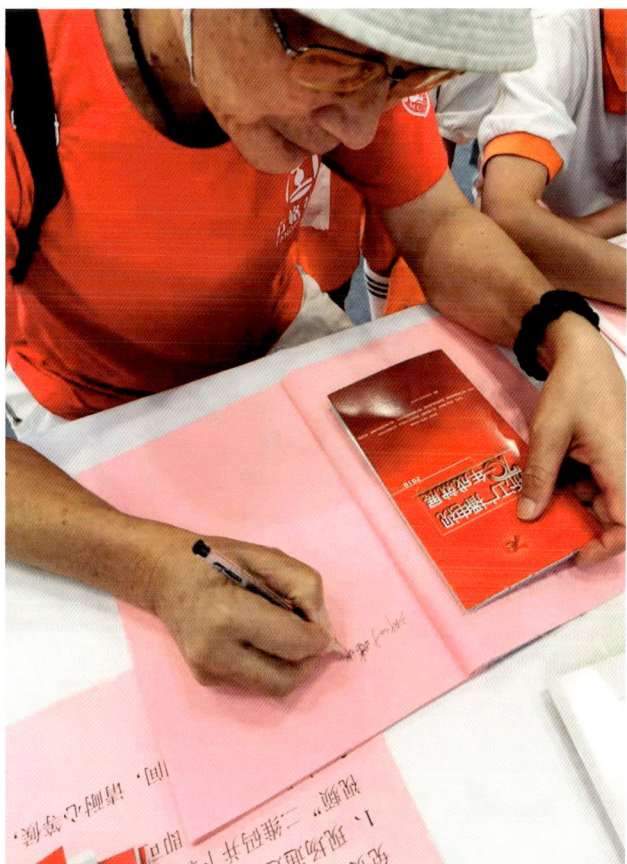

时代记录者，发展见证者．广播电视工作者．为你们点赞．为自己点赞．

海盐佳学中心．
[签名]

[右上便签，字迹不清]
因为是80发．……工作……在……
……
……光荣历……
……

浙江广播电视发展很快．很好．看的70周年展览，使我更加感到高兴，兴奋。上世纪七十年代，我家住众安桥，离电台很近．我在杭纺机宣委之佳科工作，对新闻报道很热爱．因而将厂里、社会上的新闻送电台，采编人员很热心，在当晚九点节目里，为准时播出。而且我也经常到电台做客。这次我们新四军历史研究会编印70周年书刊。我写了"谢款时代"一文，其中写到当年杭锅足球队荣获第十次全省职工足球赛罗赛冠军

[右中便签，字迹不清]
浙江广播电视70年……
光辉发展而取得的成影．让……
视听器材，让我们产生了很多……
如浙江广播电视集团的……
的变化。听一次更加是某人民……
好人民广播事业的……
的精彩展出。……

战友将好消息周长连电话告诉我，我立即在杭写邮送电台、报社。当天电台播发了这则消息。队员们很受鼓舞．十分感谢新闻媒介报道。都说电台动作快，我将之致谢。今天我要这则新闻写出来，作一个愉快的回忆。愿浙江的新闻事业好上加好，为新时代立大功，是大奖。

谢之！
张志鸿
2019.9.29.
（我系当浙报电台通讯员）

浙江广播电视走过光辉的70年．70年让我们党、祖国的变迁非常大．感谢党和政府运用视频和画面的动感式形象地让我们感知社会，感知周围的一切！美好的生活来自于电视、电影．感谢浙江广播电视集团带领我们生活奔向新的美好时代！

少儿频道
中国蓝小记者．

It's a good opp
We saw chinese
history. I'm
and I apprecia
I love y
F

看了这次展览，最深的感受就是传媒行业的历史沿革过程充满了艰辛曲折，不曾断续过。在信息传播媒介如此普及的现代，这样的展览为我曾经历过传媒学子更加坚定信念，将全力的发光发热吧。

在国庆之际，代表我们传媒学院师生学子祝您传媒学院桃李天下！

更祝祖国繁荣昌盛，国泰民安。

HAPPY BIRTHDAY
Rosemary

——2017级 郑心怡
2018级 沈晨晨
2019.10.5.

回顾过去这么多年，浙江广播电视台与时俱进，在各自的岗位上，省委省政府领导下，有浙江广播电视台的努力奋斗。今年也是新中国成立70周年、浙江广播电视台成立70年的共同纪念。回顾、反思、结合现实，70年的光辉岁月历历在目，我们与有荣焉、与时俱进、同欢庆。

时代在发展，社会在进步，广播电视事业也在迅猛发展。希望浙江广播电视台能够一往无前，为浙江人民、为全国人民带去更好的节目，带去更多温暖。

祝您浙江广播电视台越来越好，前进越来越坚强。

杭州先锋景图书馆读者
王海涛
2019.10.

今天看到我过去的老母亲的影像和那些电视剧，鲁迅也是浙江电视台第一部电视剧。我的父亲石磊和我的母亲胡庆年都在剧中扮演角色。我的弟弟石小龙是浙江电视台的第一代放映工。他听到这个消息，非常激动，一下就会来理解。

我本人作为共和国的同龄人，对浙江影视事业的发展感到无比骄傲，祝浙江影视事业越办越好。植根于百姓的土壤中，传播党中央的声音。

石晶晶
2019年10月5日

我是一名浙江大学新生，今日有幸来到这儿看到浙江广电七十年来的成就，看到光辉更看到责任。

七十年的历程如同接力跑的第一棒。先辈们的奋斗为我们如今的美好生活作出了卓越的贡献。吾辈当不忘使命，肩负国家与民族复兴的时代责任。

余天楠
2019.9.29
浙大学生

新中国成立至今，浙江广播电视台也在飞速发展着这不仅给华夏儿女创造了无数便利，还能让我们得到世界的"现状"。今年，新中国成立第70周年，浙江广播电视台也飞速发展了70年。

从黑白电视机到彩电，有着无数广大人民的付出，有耕耘就有回报，加油吧祖国，加油吧浙江广播电视台。

相信在未来的时间里，大家都将有更大的发展与进步。最后祝所有人国庆快乐！

I LOVE U
国庆快乐。
中国蓝小记者
杭州师范附属杭州小学
吾婷婷
2019.9.29
祖国妈妈快乐
I LOVE U.

我们从事广播电视这么些年中看到广播电视70年的发展心中离分激动，祝广播电视事业有更大的发展。

老前辈：罗瑞芳
楼瑞芳
2019.9.30

浙江广电的昨天已经留存在了我们的记忆里，广电的今天在我们手中创造，广电的明天必将更加美好！

浙数广电
2019.10.

浙江广播电视事业发展70年来，由地下党员到广播，披肝沥胆在国民党统治区电台不怕流血牺牲，把党浙江解放，向浙江人民播报浙江解放的信息，让浙江人民听到浙江解放的声音。让我们骄傲感动。在中华人民共和国成立七十周年之际，让我们感受到浙江广播电视事业的发展壮大、成长的过程。让我们感到骄傲自豪。

楼瑞芳
2019.10.8.

广播电视记录国家发展。
广播电视助推社会进步。
致敬浙江广电事业发展。
期待浙江广电再谱新篇！

2019年12月毕业纪念
杭州上城区郭金娟李华
2019年10月11日

后记

翻开这本书，仿佛时间又回到 2019 年 3 月 6 号，我们开始筹办"浙江广播电视 70 年成就展"。

2019 年是中华人民共和国成立 70 周年，也是浙江人民广电事业 70 周年。在中国人心目中，逢十是很重要的年份。孔子将人生七十描述为"从心所欲，不逾矩"的年岁，达到这样一种自由而圆融的境界，离不开对规律的认识和把握。浙江广电事业从 70 年前的筚路蓝缕，到 70 年后的蔚为大观，我们只有真正弄明白了走过的路，才能搞清楚未来要走向何方。举办这次展览，既是庆祝，也是总结，更是展望。

70 年不长，也不短，如何浓缩进这个展览并且精彩地呈现出来，由集团相关领导牵头，总编室、钱江都市频道、浙江广播影视资源中心、科技管理部等单位组成的执行团队耗费了很多心血。近半年时间，从联系各单位取得支持，到联络全省 11 个市和 66 个县（市、区）广电同行参与，从召开老同志座谈会回忆历史，到多次从档案馆、图书馆等寻找收集资料，从反复梳理素材核实史实，到形成策展风格，从协调展览场地时间，到确定策展公司和布展设计，从图片精选视频编辑，到搜集整理各年代广电技术设备……集团主楼二楼圆桌会议室里成就展专题会议常常从上午 9 点开始，连续开到晚上 7 点才结束，白天晚上工作群里的信息叮咚叮咚响个不停。临近开展，省局领导和集团领导专门参会审核展陈方案，集团党委专题研究；承担展陈视频制作的年轻人熬夜改片，追求完美；音频师两次从上海赶回，与后期制作部高手通宵制作三维声 4K 高清短片，震撼现场；负责开幕式的导演团队反复排练，力求精准；集团办公室、制作中心、安保部、发展总公司等单位也参与进来，周密落实接待、展陈、安保、保洁等工作。

9 月 26 日下午 2 点，"浙江广播电视 70 年成就展"在浙江展览馆开幕。展览以大量音视频资料和图片、实物，展现浙江广电事业 70 年峥嵘岁月，映射出浙江 70 年经济社会等各方面的发展和成就。

整个展览最核心也最打动参观者的是丰富详实的展览史料，也是本书的核心内容，这是目前为止对浙江广电事业发展历程所作的最系统、最扎实的梳理。本着对历史负责，对未来负责的态度，我们尽量寻找第一手材料，力求事件有代表性，事实准确无误。改革开放以来广电事业快速发展，迈入新世纪不断变革突破、蓬勃向前，掀起了拥抱新一轮科技革命、深化媒体融合的高潮，这段壮阔历史为广电行业较多人所熟知。但更早的，尤其是建台之初那段赤手创业、从无到有的奋斗史，因时间的流逝，已经有所模糊。我们采用了"多条腿走路"的办法，除原有资料素材外，一方面派人去浙江省档案馆、浙江图书馆翻阅"故纸堆"，另一方面通过身边的热心"老广电"寻找"老老广电"。功夫不负有心人，好消息不断传来。在省图古籍档案部找到了1949年5月26日，浙江新华广播电台成立第二天，刊登在《浙江日报》上的第一张节目表。通过多方联系，徐君傅（95岁）、高扶小（89岁）、任燕棠、高澄清、陈法根等十余位老广电人重新汇聚在主楼二楼圆桌会议室的展览筹备办公室，在他们饱含深情的回忆中，杭州新闻学校、广播大会、毛主席对新登有线广播的批示、两次会战北高峰、第一台自制的彩色电视发射机等一件件往事逐渐鲜活丰满起来。更为振奋的是，我们还采访到了1949年5月杭州解放时接管当时国民党浙江广播电台的军代表之一党毅民党老，在他的娓娓道来中，浙江新华广播电台发出第一声呼号前后的历史更清晰地呈现眼前……抢救性地挖掘记录，一轮又一轮集体审校，逐字逐句逐帧反复推敲，希望经得起参观者用"放大镜"检视，经得起时间的考验。

　　历史是我们前进的基石，只有回望过去，才知道我们已经走出多远，才能更好搞清楚为什么而出发，为什么而奋斗，要到哪里去。当前，全媒体时代的浪潮正席卷而来。明者因时而变，知者随事而制。媒体融合是我们这代媒体人必须写好的"大文章"，我们唯有主动适应变革，大力推动变革，以一往无前的姿态深入推进媒体融合发展，才能不负时代、不辱使命。

　　谨以此书的出版为"浙江广播电视70年成就展"画上一个圆满句号。期待下一个十年，下一个二十年，我们还能有机会以这样的方式再相见。

主　　编：胡　戎

副 主 编：高　枫　徐　为　楼　坚　胡键巧　王　强

编　　辑：刘　玮　夏　琼　高　远　安　慧　葛　政

　　　　　陈茜玉

图片编辑：方建文

资料编辑：苏筱璇　张佳伦　丁亦祺　徐恺俐

视频编辑：王煜华　王　杰　刘　赛　周晓燕　吴　凡

　　　　　郑学勤　徐小舟　郑　瑜　葛凌峰